2025年度版

# 地方公務員

寺本康之の

## 超約ゼミ
ちょう　やく

＼ ここだけ！ ／

# 時事＆知識分野

JN087447

寺本康之 著

ちょう-やく【超約】

① 必要な知識が超コンパクトに要約されていること。

② 超厳選された頻出テーマが1冊に集約されているさま。
「──を読んでいたら、過去問も解けた。これで合格できそうだ」

実務教育出版

## はじめに

　こんにちは。寺本です。超約ゼミの第三弾として，時事の書籍を書かせていただく運びとなりました。実は，これまで幾度となく時事対策本の執筆についてお話をいただく機会がありましたが…，すいません。生意気にも断り続けてきました。しかし，今回は超約ゼミシリーズをより充実させるためというコンセプトに心を惹かれ，一念発起して挑戦することにいたしました。

　本書で私が強く意識したのは，**無駄なことを書かない**ことです。受験生は毎年直前期に時事を学習するので，その負担を考え，過去の出題傾向から見て書名の通り「ここだけ！」という，**出題が見込まれる事項だけを厳選して掲載**するようにしました。一貫して，**網羅性＜出題可能性**という視点で知識に絞り込みをかけています。ほかにも，**表によるまとめ**で視覚的にわかりやすく知識を整理したり，**1問1答と予想問題**で知識の定着を促したりと，**短期間でマスター**するためのさまざまな工夫を凝らしています。皆さんが本書を読み終えたときには，時事の力が飛躍的に伸びていることを実感できるはずです。ぜひ本書を使って，時事を得意科目にしていきましょう。

　今回も原稿整理や編集などで力強くけん引してくださった実務教育出版のスタッフの皆様に，この場を借りて深謝いたします。

寺 本 康 之

# 本書の使い方

**構成**
本当に出る事項「ここだけ！」を厳選し，時事＆知識分野のインプットと問題演習が1冊でできます。背景知識も加味し，各テーマを自然・人文・社会科学の章に分けて構成しました。

## 超約 ここだけ押さえよう！

### 要点整理ページ　まずは知識をインプット

ランクは
A：超頻出
B：頻出
C：出る

各項目の頻出テーマをセレクト

超コンパクトな要約で試験に必要な知識をインプット

ひとことメモで用語の補足

表で内容を整理 短い時間で暗記しやすい！

1問1答で知識をチェック！

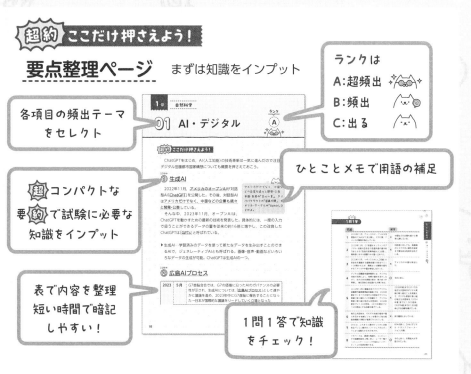

### 予想問題ページ

問題を解いて知識のアウトプット

3

# 地方公務員
# 寺本康之の超約ゼミ
# ここだけ！時事＆知識分野

## 試験別　時事問題攻略法

- 🍭 地方上級
- 🍭 東京都
- 🍭 特別区
- 🍭 市役所
- 🍭 国家一般職
- 🍭 国家専門職

# 地方上級

全国型
教養試験

## 要チェック

- 一つ一つの選択肢の長さが短く，難易度は低め
- 時事的な内容に加えて，**基礎知識も出題**される
- **試験前年の出来事が出るとは限らない**(リアルタイム性に欠ける)
- 細かいデータを覚える必要はなく，**方向性のみ押さえ**ていれば解ける
- 自然科学は**環境が出る**
- 人文科学は**人口問題とエネルギー**がよく出題されている
- 社会科学は**国際関係が最頻出テーマ**

## 過去に出題されたテーマ

### 自然科学

- 日本の自然災害への取組み `R5`
- 日本のデジタル化の現状 `R5`
- 日本の環境政策 `R4`
- 環境問題 `R2`

### 人文科学

- 世界の人口 `R5`
- 人口 `R4`
- 日本のエネルギー政策 `R4`
- 日本の人口の現状 `R3`
- 日本の電力事情 `R2`

### 社会科学

❶ **政治・法律**

- ウクライナ情勢 `R5`
- 知的財産権 `R4`
- イギリスのEU離脱 `R3`
- アメリカ大統領選挙 `R3`

**❷ 経済**

- 2010年以降の日本銀行の金融政策　`R5`
- 2012年以降の日本経済　`R3`
- 近年の日本と世界の経済　`R4`
- 都道府県別の人口と経済　`R2`

**❸ 社会**

- 医療　`R4`
- 日本の受動喫煙対策　`R2`
- 日本の教育の現状　`R3`
- 自動車産業　`R2`
- 日本の労働事情　`R2`

## 🐱🔑 今年狙われるキーワード

### 🍭 自然科学

- 環境政策…COP28だけでなく，国内の事情にも注意しよう
- 災害…能登半島地震が起きたことから出題可能性は高まった

### 🍭 人文科学

- エネルギー…日本のエネルギー事情の方向性を押さえよう。電力・ガス・ガソリンの価格抑制策も出題される可能性あり
- 人口問題…出生数や都道府県別の増減動向を要チェック

### 🍭 社会科学

- 世界情勢…アメリカ，イギリス，中国の3か国には特に注意
- G7，G20サミット…話題性だけでいえばNo.1。今年はG7のほうが激アツ
- 労働事情…最低賃金UPの話題は出題に追い風
- 税制…インボイス制度は地方公務員でも出題される
- 年金・医療・介護…特にマイナ保険証の話題は地方自治体にとっても関心事
- 少子化…こども家庭庁の話題を中心に，少子化のデータを押さえよう
- 観光…インバウンドに期待して1問出題か？

# 東京都

I類B　行政 [一般方式]
教養試験

## 要チェック

- 5問出題され，難易度は高め
- 試験前年の6月以降の出来事が出題されやすい（特に9月以降）。当年の出来事が出題されることもあるが，出ても1問。平成29年度は当年3月の出来事が出た
- 新法・法改正，閣議決定，判例などの立法・行政・司法事情に注意。ただし，マニアックな問題も多いので得点のしやすさにはばらつきがある
- 社会科学からの出題が多く，自然科学や人文科学からの出題は少ない
- 白書から1〜2問出題される。対策が難しいので，多くの受験生が捨て問にする

##  過去に出題されたテーマ

### 自然科学

- 環境白書/ 循環型社会白書/ 生物多様性白書　R4
- デジタル庁設置法　R4
- 情報通信白書　R3

### 人文科学

※近年出題なし

## 🍭 社会科学

### ❶ 政治・法律

- 法人等による寄附の不当な勧誘の防止等に関する法律 R5
- 道路交通法の一部を改正する法律 R3
- 銃砲刀剣類所持等取締法の一部を改正する法律 R5
- 菅内閣総理大臣所信表明演説 R3
- 国際情勢 R5
- 核軍縮等 R3
- まち・ひと・しごと創生基本方針2021 R4

### ❷ 経済

- 物価高克服・経済再生実現のための総合経済対策 R5
- 経済財政白書 R3
- 経済連携協定等 R4

### ❸ 社会

- 少子化社会対策白書 R5
- 観光白書 R2
- ヤングケアラーの支援 R4

## 🐱🔑 今年狙われるキーワード

### 🍭 自然科学

- GX脱炭素電源法…原発運用ルールの変更は要チェック
- パリ協定…COP28の結果は要注意。過去にも出題されたことのある話題
- 災害…能登半島地震が起きたことから出題可能性は高まった

### 🍭 人文科学

- 人口…日本の人口減少は東京の人口減少でもあるので，話題性から出題される？

### 🍭 社会科学

- G7，G20サミット…過去の出題を見るとG20のほうが出題されているが，令和6年度はG7サミットのほうが要注意
- LGBT理解増進法…多様性が特に求められる自治体であるがゆえに出題確定？
- 改正刑法…不同意性交罪への変更に注目
- 参院選合憲判決…過去にも出題されたことのあるテーマ。判決理由を含めてチェック
- デフレ完全脱却のための総合経済対策…経済対策の5本柱に注目
- 観光…インバウンドの復活により注目度が高まっている

# 特別区

Ⅰ類
教養試験

## 要チェック

- 4問出題される。難易度はもともと高くなかったが，近年は難しめ
- 東京都Ⅰ類Bと同様，試験前年から出題される。過去問を見る限り，**試験前年5〜12月の出題がほとんど**。当年の出題はあっても1問。直近だと令和3年度に出題された（当年1月の話題）
- **各国の政治動向が頻出**
- 自然科学の出題が少ない
- 日本人の功績が目立った年は，人文科学（文化・芸術分野）からの出題が見られる

## 過去に出題されたテーマ

### 自然科学

- ノーベル化学賞 R2
- グリーン成長戦略 R3

### 人文科学

- 文化勲章受章者および文化功労者 R5
- 世界文化遺産への登録 R4

## 🍭 社会科学

### ❶ 政治・法律

- イギリスの首相就任 `R5`
- 第26回参議院議員通常選挙 `R5`
- ドイツ連邦議会選挙と新政権発足 `R4`
- アメリカ新政権発足 `R3`

### ❷ 経済

- 経済安全保障推進法 `R5`
- RCEP協定 `R4`
- 令和3年度税制改正大綱 `R3`

### ❸ 社会

- 都道府県地価 `R3`

# 🔑 今年狙われるキーワード

## 🍭 自然科学

- GX脱炭素電源法…新法としても注目されている
- COP28…環境分野は東京都と同様要注意。過去にも出題されたことのある話題
- 災害…能登半島地震が起きたことから出題可能性は高まった

## 🍭 人文科学

- ウクライナ・パレスチナ問題…世界の地域紛争というテーマで出題されるか？

## 🍭 社会科学

- G7，G20サミット…国際関係分野の柱はやはり要注意
- LGBT理解増進法…多様性に寛容になるべき自治体だからこそ1問出題される？
- 令和6年度税制改正大綱…過去にも出題があり，周期的にそろそろ出題されるかも
- TPP…イギリス加盟が今後の運命を決める？
- インボイス制度…税制改革の柱
- 少子化…こども未来戦略方針とこども大綱を中心に確認しておこう
- 地域交通…改正道路交通法や改正地域交通法などに注意しよう

# 市役所

上級
教養試験

 要チェック

- A日程は令和2年度まで地方上級全国型との共通問題が使われていたが，**令和3年度からは別の出題内容となった**（出題数・難易度はB日程・C日程と同様）
- 組合せ問題や穴埋め問題が多いので，難易度が低い
- 一つ一つの選択肢は短文で正誤判断をしやすい
- **「用語」の意味を問う問題が多い**
- **自然科学の出題が多く，人文科学はあまり出ない**

## 過去に出題されたテーマ

### 自然科学

- ●A日程
- 近年の日本におけるデジタル化の動向 `R4`
- 日本における臓器提供 `R4`
- ●B日程
- コンピュータネットワーク用語 `R4`
- プラスチック `R4`
- 行政のデジタル化 `R3`
- 地球温暖化 `R3`
- ●C日程
- 日本のデジタル化 `R4`
- 2019〜2021年の自然科学系のノーベル賞 `R4`
- 脱炭素社会実現に向けた取組み `R4`
- ICTに関する略語 `R3`
- SDGs `R3`

### 人文科学

- ●C日程
- 石炭および石炭火力発電 `R3`
- 日本の世界遺産 `R2`

## 🍭 社会科学

### ❶ 政治・法律

- ● A日程
- 日本の選挙 `R4`
- 成年年齢引下げに伴う変更 `R4`
- ● B日程
- QUAD（クアッド） `R4`

- ● RCEP `R3`
- ● C日程
- 女性の政治参画 `R4`
- 日本の高齢化 `R4`
- 日本の地方創生や人口偏在 `R3`

### ❷ 経済

- ● B日程
- 近年の日本の財政 `R2`

- ● C日程
- ふるさと納税 `R元`

### ❸ 社会

- ● A日程
- 2020年の日本の労働事情 `R4`
- ● B日程
- 近年の日本における外国人 `R4`
- 子どもと子育ての現状 `R4`

- 日本の道路交通政策 `R3`
- インフラツーリズム `R3`
- ● C日程
- 日本の年金制度 `R3`

## 🔑 今年狙われるキーワード

### 🍭 自然科学

- デジタル化…AIの動向と情報関連用語を要チェック
- 地球温暖化…気候変動枠組条約の基本知識とCOP28の成果について押さえておこう

### 🍭 人文科学

- エネルギー事情…日本のエネルギー事情，電気・ガス・ガソリン価格の動向に要注意
- パレスチナ問題…ガザ地区を巡る攻防のほか，歴史的事情も問われる可能性あり

### 🍭 社会科学

- 改正マイナンバー法…デジタル化との関連でも大切！
- 外国人材の受入れ…入管法の改正と特定技能2号の追加が狙われる？
- 地域経済統合・世界の地域機構…TPPやIPEF，NATOなど動きがあったものは要注意
- 税制…改正電子帳簿保存法やふるさと納税は要チェック
- 年金・医療・介護…後期高齢者医療保険制度の改革や年金改革と並びiDeCoが出題の可能性が高い
- 交通政策…自動運転レベル4の解禁は要注意

# 国家一般職

大卒程度
基礎能力試験

令和6年度試験から，知識
分野は時事問題を中心とし
た内容に変更されるよ。

## 要チェック

- 分野横断的な出題が多い。**さまざまな知識を横断的に聞かれる**
- 出題される出来事は**直近5年程度**を見ておく必要がある（前年の出来事は必ず出題される）
- 自然科学の出題が多い。**科学技術，環境**からの出題が多め
- 立法事情がよく問われるので，広く**新法・法改正を押さえておく必要があ**る
- 社会科学の社会から，**医療等**が出題されるケースが多い
- 社会科学の経済，人文科学からの出題が少ない

## 過去に出題されたテーマ

### 自然科学

- 科学技術等 R5
- 近年の科学技術等 R4
- 近年の世界の気候や環境 R3

### 人文科学

- 観光や文化等 R5

## 🔍 社会科学

**❶ 政治・法律**
- 各国の領土問題等 `R3`

---

**❷ 経済**
- 金融等 `R5`

---

**❸ 社会**
- 日本の教育等 `R4`
- 医療等 `R3`
- 近年の日本の社会情勢 `R4`

# 🐾 今年狙われるキーワード

## 🍭 自然科学

- 科学技術…科学技術・イノベーション基本計画，量子コンピュータは要注意
- 防災…防災基本計画が修正されたのでチェック。内閣感染症危機管理統括庁も話題に
- COP28…自然環境系の出題には外せないテーマ

## 🍭 人文科学

- 資源・エネルギー…GX実現に向けた基本方針はもちろん，新法であるGX脱炭素電源法も出題可能性が高い
- 文化政策…文化庁の京都移転を実現させた以上，自信を持って出題か？

## 🍭 社会科学

- 世界情勢…アメリカ，中国，EU諸国をはじめ，ウクライナ・パレスチナ情勢まで幅広く要チェック
- G7，G20サミット…国際会議では大注目の２つが出ないわけがない？
- 税制…インボイス制度は必ず出ると思っておこう
- 地域経済統合…TPPやIPEFに新しい動きあり
- 世界の地域機構…フィンランドのNATO加盟は大注目
- 年金・医療…マイナンバーカードと健康保険証を一体化が議論の的に
- 交通…自動運転のレベル４解禁により交通政策に要注意

# 試験別 時事問題 攻略法

令和6年度試験から、知識分野は時事問題を中心とした内容に変更されるよ。

# 国家専門職

大卒程度
基礎能力試験

## 要チェック

- バランスよく3つの分野から出題されるが，立法事情だけを問う出題は極めて少ない
- 基本的に試験前年の出来事が出題されるが，**2〜4年前の出来事も出題**されている
- **国際事情は頻出分野**
- 医療・福祉，少子高齢化など身近な話題も出題されている

##  今年狙われるキーワード

### 🍭 自然科学

- GX脱炭素電源法…新法で出るとしたらコレ
- AI等…「広島AIプロセス」や情報関連用語が狙い目か？

### 🍭 人文科学

- ウクライナ・パレスチナ問題…出題可能性が高い最新の動向を確認しておこう

### 🍭 社会科学

- 社会保障…医療・年金・介護は喫緊の課題とされている
- 少子化…こども未来戦略方針とこども大綱はチェック
- 日本の経済・金融…金融政策決定会合の動向を押さえる
- 予算…予算構造の特徴を押さえることが大切
- 交通…自動運転のレベル4解禁を中心に出題される可能性あり
- 観光…観光立国推進基本計画とIRは出題の的

# 1章　自然科学分野の時事

# 01 AI・デジタル

ランク **A**

---

**超約 ここだけ押さえよう！**

　ChatGPTをはじめ，AI（人工知能）の技術革新は一気に進んだので注目。デジタル田園都市国家構想についても概要を押さえておこう。

## ここだけ ① 生成AI

　2022年11月，**アメリカのオープンAI**が対話型AI「**ChatGPT**」を公開した。その後，対話型AIは**アメリカだけでなく，中国などの企業も続々と開発・公表**している。

　そんな中，2023年11月，オープンAIは，ChatGPTを動かすための最新の技術を発表した。具体的には，一度の入力で扱うことができるデータの量を従来の約16倍に増やし，この改良したChatGPTは「**GPTs**」と呼ばれている。

> アメリカだけでなく，中国などの企業も続々と開発・公表。中国・百度の「文心一言」，アリババクラウドの「通義千問」，アメリカ・グーグルの「Gemini」などだよ。

▶生成AI…学習済みのデータを使って新たなデータを生み出すことのできるAIで，ジェネレーティブAIとも呼ばれる。画像・音声・動画などいろいろなデータの生成が可能。ChatGPTは生成AIの一つ。

## ここだけ ② 広島AIプロセス

| 2023 | 5月 | G7首脳会合では，G7の価値に沿ったAIのガバナンスの必要性が示され，生成AIについては，「**広島AIプロセス**」として速やかに議論を進め，2023年中にG7首脳に報告することになった→日本が国際的な議論をリードしていく立場となった |
|------|-----|---|

| 10月 | 開発者を対象にした行動規範と指針について，G7各国の首脳間で合意に達した。その中では，開発者が生成AIの作成したコンテンツか否かを利用者側で見分けられる手段を開発・導入すべきことを盛り込んだ |
|---|---|
| 12月 | G7各国はオンラインでデジタル・技術大臣会合を開き，各国共通の基本的な方針となる「**包括的政策枠組み**」に合意し，生成AIの安全性や信頼性を確保するための措置について方向性を決めた。**利用者も含めたすべての関係者に責任ある利用を**求めている点がポイント<br>**対開発者**：生成AIが作成したものと利用者が見分けられる手段の開発を求める<br>**対利用者**：偽情報の危険やぜい弱性を踏まえて**責任ある利用を**求める |

## ③ AI安全サミット

ここだけ

2023年11月，**アメリカ**や**日本**，**中国**など28か国のほか，イーロン・マスク氏らAI関連企業の代表も参加してAIの安全性を議論する国際会議「AI安全サミット」が**イギリス**主催のもと開かれた。日本の岸田首相はオンラインでの参加となった。

イギリス
イギリスは，AI分野への民間投資額でアメリカ，中国に続き世界3位なんだ。スナク首相は以前から，AIのリスク対応で世界をリードしたいと意欲を見せていたよね。

会議では，さまざまな領域でAIが破滅的な影響を及ぼすおそれがあるとして，法的枠組みに基づいたリスク分類や国を越えた協力の必要性に言及する「ブレッチリー宣言」を採択した。

## ④ デジタル田園都市国家構想

ここだけ

▶**デジタル田園都市国家構想**…デジタル技術の活用により，地域の個性を活かしながら，地方の社会課題の解決，魅力向上を実現し，地方活性化を加速する方策

デジタル田園都市国家構想
岸田内閣が掲げる施策「新しい資本主義」の重要な柱の一つだよ。

●ポイント

デジタル田園都市
国家構想総合戦略
地方は，それぞれ地域の
個性や魅力を活かす地域
ビジョンを掲げた「地方版
総合戦略」の策定に努める
んだ。

- 2022年12月に，政府は「デジタル田園都市国家構想総合戦略」を閣議決定した。これは，デジタル田園都市国家構想を実現するために，2023〜2027年度の5か年のKPI（重要業績評価指標）とロードマップ（工程表）を示したものだ。これによると，2030年度までにすべての地方公共団体がデジタル実装に取り組むことを見据えて，デジタル実装に取り組む地方公共団体を，2024年度までに1,000団体，2027年度までに1,500団体とする目標を掲げている。
- 施策の方向は，デジタルの力を活用した地方の社会課題解決とデジタル実装の基礎条件整備に分けられている。

| デジタルの力を活用した地方の社会課題解決 | 地方に仕事をつくる | 中小・中堅企業DX（キャッシュレス決済，シェアリングエコノミー等），スマート農林水産業・食品産業など |
| --- | --- | --- |
| | 人の流れをつくる | 「転職なき移住」の推進，オンライン関係人口の創出・拡大，二地域居住等の推進，地方大学・高校の魅力向上など |
| | 結婚・出産・子育ての希望をかなえる | 仕事と子育ての両立など子育てしやすい環境づくり |
| | 魅力的な地域をつくる | 教育DX，医療・介護分野DX，地域交通・インフラ・物流DXなど |
| デジタル実装の基礎条件整備 | デジタル基盤の整備 | マイナンバーカードの普及促進・利活用拡大，データ連携基盤の構築，ICTの活用による公共交通ネットワークの整備 |
| | デジタル人材の育成・確保 | デジタル人材育成プラットフォームの構築，高等教育機関等におけるデジタル人材の育成，デジタル人材の地域への還流促進，女性デジタル人材の育成など |
| | 誰一人取り残されないための取組み | デジタル共生社会の実現，デジタルデバイドの是正など |

## ⑤ デジタル田園都市スーパーハイウェイ

ここだけ

日本を周回する海底ケーブルのことで，これを敷設することにより日本のどこにいても，高速通信を享受できるようになる。日本海側がミッシングリンク（未開拓）になっているため，新たに敷設し，3年程度で完成することになっている。

## ⑥ デジタル庁

ここだけ

デジタル庁は，2021年9月に創設された**内閣に置かれた**行政機関。デジタル社会形成の司令塔として，未来志向のDXを大胆に推進し，デジタル時代の官民のインフラを一気に作り上げることをめざしている。**「誰一人取り残されない，人に優しいデジタル化を」**をスローガンとし，マイナンバーを所管していることでも知られている。

> 内閣に置かれた
> デジタル庁の長および主任
> の大臣は内閣総理大臣だよ。
> そして，デジタル大臣が内
> 閣総理大臣を助け，デジタ
> ル庁の事務を統括するんだ。
> ちなみに，デジタル大臣は
> 国務大臣をもってあてるこ
> ととされているよ。

## ⑦ Digi田甲子園

ここだけ　デジでん

全国津々浦々でデジタル田園都市国家構想を力強く進めていくためには，地方公共団体や民間企業・団体など，さまざまな主体がデジタルの力を活用して地域課題の解決等に取り組む必要がある。そこで，さまざまな取組み事例を幅広く募集し，特に優れたものを**内閣総理大臣賞として表彰**している。

# ⑧ 情報関連用語

| クラウド・コンピューティング | インターネットを通じて，サービスを利用すること。ストレージやWebメールなどを含む |
|---|---|
| ブロックチェーン | 情報通信ネットワーク上にある端末どうしを直接接続して，取引記録を暗号技術を用いて**分散的**に処理・記録するデータベースの一種。「**ビットコイン**」等の仮想通貨に用いられている基盤技術 |
| ビッグデータ | あらゆるデバイスから得られるさまざまな種類や形式のデータを含む**膨大なデータ群** |
| API | Application Programming Interfaceの略で，プログラムの機能をその他のプログラムでも利用できるようにするための規約 |
| IoT | モノがインターネットにつながる仕組み。**モノのインターネット** |
| RPA | これまで人間が行ってきた定型的なパソコン操作をソフトウェアのロボットにより**自動化**するもの |
| DX | **デジタル・トランスフォーメーション**のこと。情報化・デジタル化を通じて，社会の根本的な変化に対して，既成概念の破壊を伴いながら新たな**価値を創出**するための改革 |
| Web3.0 | **ブロックチェーン技術を基盤する分散型ネットワーク環境**<br>→プラットフォーマー等の仲介者を介さずに個人と個人がつながり，双方向でのデータ利用・分散管理を行うことが可能となる |
| メタバース | 通信の高速化，コンピュータの描画性能向上等に伴い，ユーザー間で「コミュニケーション」が可能な**インターネット上の仮想空間**<br>→日本のメタバース市場は，2022年度に1,825億円（前年度比145.3%増）となる見込みで，2026年度には1兆42億円まで拡大すると予測されている |
| NFT | ブロックチェーン上で発行される**唯一無二（非代替）**のデジタルトークン（証票）<br>→Web 3.0時代のデジタル経済圏を力強く拡大していく起爆剤と考えられている |

## 1問1答

| | 問題 | | 解答 |
|---|---|---|---|
| 1 | 2022年11月，アメリカのオープンAIが対話型AI「ChatGPT」を公開し，それ以降，アメリカが開発を独占している。 | × | 中国などの企業も続々と開発・公表している。 |
| 2 | 2023年12月，G7各国はオンラインのデジタル・技術大臣会合で各国共通の基本的方針となる「包括的政策枠組み」に合意し，開発者に対する措置のみが盛り込まれた。 | × | 利用者に対しても，偽情報のリスクやぜい弱性を踏まえて責任ある利用を求めている。 |
| 3 | 2023年11月，イギリスでAI（人工知能）の安全性を議論する国際会議「AI安全サミット」が開かれたが，規制よりも開発を優先するアメリカや中国は参加しなかった。 | × | アメリカや中国も参加した。 |
| 4 | デジタル田園都市国家構想とは，デジタル技術の活用により，地域の個性を活かしながら，地方の社会課題の解決，魅力向上を実現し，地方活性化を加速する方策である。 | 〇 | そのとおり。 |
| 5 | 2022年12月に閣議決定された「デジタル田園都市国家構想総合戦略」では，2040年度までにすべての地方公共団体がデジタル実装に取り組むことを見据えて，デジタル実装に取り組む地方公共団体を，2030年度までに1,000団体，2035年度までに1,500団体とする目標を掲げている。 | × | 「2030年度」までにすべての地方公共団体がデジタル実装に取り組むことを見据えて，デジタル実装に取り組む地方公共団体を，「2024年度」までに1,000団体，「2027年度」までに1,500団体とする目標を掲げている。 |
| 6 | 地方公共団体は，それぞれ地域の個性や魅力を活かす地域ビジョンを掲げた「地方版総合戦略」の策定が義務づけられている。 | × | 努力義務となっている。 |
| 7 | DXとは，これまで人間が行ってきた定型的なパソコン操作をソフトウェアのロボットにより自動化するものをさす。 | × | RPAの誤り。DXは「デジタル・トランスフォーメーション」の略。 |
| 8 | メタバースは，通信の高速化，コンピュータの描画性能向上等に伴い，ユーザー間で「コミュニケーション」が可能なインターネット上の仮想空間である。 | 〇 | そのとおり。市場拡大が予想されている。 |

1章 自然科学

01 AI・デジタル

# 02 地球温暖化

ランク
A

---

　世界的に問題となっている地球温暖化では，COPの知識が頻出である。歴史的経緯を含めてしっかりと押さえておこう。

ここだけ
## ① 気候変動枠組条約

| 1992 | 気候変動枠組条約は**国連環境開発会議（地球サミット）で採択**され，1994年に発効。この会議がCOP（気候変動枠組条約締約国会議） | 国連環境開発会議（地球サミット）で採択　ブラジルのリオデジャネイロで開催され，「持続可能な開発」の理念を基本姿勢に，気候変動枠組条約と生物多様性条約を採択したんだ。また，具体的な行動計画として「アジェンダ21」も採択したよ。 |
|---|---|---|
| 1997 | 京都で開かれたCOP3では，京都議定書が採択。先進国の温室効果ガスの排出削減義務を規定<br>→日本は2008～2012年の5年間で数値目標（−6％）を達成したが，そもそも中国やインドなどの発展途上国は適用除外で，アメリカやカナダが離脱してしまった<br>→ポスト京都議定書が模索される | |
| 2015 | フランスのパリで開かれたCOP21で，新しい枠組みであるパリ協定が採択，2016年に発効 | |

● パリ協定

| 長期目標 | 気温上昇の世界共通の長期目標は2℃以内。1.5℃以内は努力目標<br>→その後，COP26で産業革命前からの気温上昇を1.5℃に抑える努力を追求するとした合意文書を採択した→1.5℃以内が事実上の世界目標へ |
|---|---|

| $CO_2$排出量削減 | <u>主要排出国</u>を含むすべての国が$CO_2$削減目標を5年ごとに提出・更新<br>→アメリカはトランプ前大統領がパリ協定から離脱したが，その後バイデン大統領になって即座に復帰 | **主要排出国**<br>各国の$CO_2$排出量を見ると，1位が中国，2位がアメリカ，3位がインド，4位がロシア，5位が日本となっているよ。 |
|---|---|---|
| 資金支援 | <u>**先進国による資金の提供**</u>。途上国も自主的に資金を提供 | |

※なお，持続可能な開発目標(SDGs)のゴール13には「気候変動及びその影響を軽減するための緊急対策を講じる」と明記。

## ここだけ ② COP28（国連気候変動枠組条約第28回締約国会議）

### （1）成果文書

　2023年12月，<u>アラブ首長国連邦(UAE)</u>でCOP28が開かれた。会期を1日延長し，パリ協定に沿って産業革命前から世界平均気温上昇を1.5℃に収めるため「化石燃料からの脱却」などを進める成果文書を採択した。

❶<u>再生可能エネルギーの容量を2030年までに3倍にする</u>

❷2023年が記録上最も暑い1年となることへの懸念を表明

　　→現状ではパリ協定の「1.5℃」に抑えるという目標を到底達成できず，世界の温室効果ガス排出量を2019年比で<u>43％減</u>，2035年に<u>60％減</u>と大幅に減らす必要がある

❸2050年までに排出を実質ゼロにするため，エネルギーシステムの<u>化石燃料からの脱却</u>を2020年代に加速する

❹石炭火力発電について，排出削減対策が講じられていない施設の「<u>段階的削減</u>」に向けた努力を加速する

　　→「段階的廃止」という文言には至らなかった

❺原発や，$CO_2$貯蔵の回収・貯蔵などの技術を活用する

❻非効率な化石燃料補助金の段階的廃止をできるだけ早く行う

　以前は石炭火力発電の段階的削減を打ち出したが，今回の成果文書では，一歩前進し，<u>対象を石油や天然ガスを含む化石燃料全体</u>に広げた。ただし，

石炭火力発電については，多くの国が求めていた「廃止」という文言には至らなかった。

## （2）成果文書以外

- 世界の再生可能エネルギーの容量を<u>2030年までに3倍に</u>
  - →有志国誓約。日本を含む116か国が加わった
- 世界の原発発電能力を<u>2050年までに2020年比で3倍に増やす</u>
  - →アメリカや日本などの約20の有志国による宣言
- 石炭火力禁止連合
  - →フランスが主導。日本は不参加

2050年までに2020年比で3倍に増やす
宣言では，原子力が気候変動対策に重要な役割を果たすと明記したよ。日本は2030年度の原発の電源構成を20〜22％としていて，原発の60年超運転も可能としたよ。

## ③ 日本の対応

ここだけ

| 2015 | ●温室効果ガスの削減目標…2030年度に2013年度比で26.0％減 |
|------|----|
| 2021 | ●温室効果ガスの削減目標…削減目標を上積み。2030年度に2013年度比で46.0％減<br>　→2020年に当時の菅首相が表明。**2050年カーボンニュートラル宣言**を具体化するため<br>●温室効果ガスの排出・吸収量（2021年度）…11億2,200万トン（二酸化炭素（$CO_2$）換算）で，**前年度比2.0％（2,150万トン）の増加**<br>※2013年度比では20.3％（2億8,530万トン）の減少 |
| 2022 | 4月　改正地球温暖化対策推進法が施行<br>→パリ協定や2050カーボンニュートラル宣言等を踏まえて，基本理念が新設<br>→地域の脱炭素化に貢献する事業を促進するための計画・認定制度を創設<br>→脱炭素経営の促進に向けた企業の排出量情報のデジタル化・オープンデータ化を推進 |

## ④ 日本における気候変動

ここだけ

「令和5年版防災白書」によると，世界の年平均気温は，さまざまな変動を繰り返しながら上昇していて，100年当たりで**0.74℃上昇**している。これに対し，日本の年平均気温は，世界の平均気温よりもさらに上昇の幅が大きくなっており，**100年当たりで1.30℃上昇**している。また，日本近海の年平均海面水温は，100年間で1.24℃上昇している。

100年当たりで1.30℃上昇平均気温の上昇と相関して，全国的に大雨や短時間強雨の発生頻度も増加しているよ。日降水量100mm以上および200mm以上の日数は，この100年でともに増加傾向にあるよ。

## ⑤ エルニーニョ現象

ここだけ

2023年6月，気象庁は**エルニーニョ現象**が4年ぶりに発生していると発表した。

エルニーニョ現象は，世界中に干ばつや冷夏などの異常気象をもたらす。日本では冷夏になりやすく，冬は暖冬になりやすくなるといわれている。

エルニーニョ現象逆がラニーニャ現象といって，ペルー沖の海水温が低くなるんだ。

▶エルニーニョ現象…南米ペルー沖の赤道付近で海面水温が平年より**高くなり**，その状態が1年程度続く現象のこと。なんらかの原因で貿易風という東風が**弱まる**と，寒流であるペルー海流の上昇（湧昇流）が**弱まる**ことで起こる。地球温暖化との関係はまだ解明されていない

## ⑥ 国連気候変動に関する政府間パネル（IPCC）の第6次評価報告

ここだけ

第6次報告書では，以下のようなことを指摘している。

❶人間活動が大気・海洋および陸域を温暖化させてきたことには疑う余地がない

→世界平均気温（2011〜2020年）は，工業化前と比べて約1.09℃上昇

❷気候変動は**短期（2021〜2040年）のうちに1.5℃に達しつつある**

❸平均気温上昇を1.5℃未満に抑えるためには，世界全体の温室効果ガス排出量のピークを2025年以前に持ってくる必要があり，2030年までに2019年比で43%の削減が必要

▶国連気候変動に関する政府間パネル（IPCC）…1988年に**国連環境計画（UNEP）と世界気象機関（WMO）**により設立された組織で，気候変化や影響などについて，包括的な評価を行っている

## ここだけ ⑦ 気候変動適応法

日本で2018年に制定された，気候変動への「適応」をめざす法律で，気候変動による被害の回避や軽減を行う「適応策」を講じるものである。2023年5月に改正法が成立し，気候変動適応の一分野である熱中症対策を強化することとなった。概要は以下のとおり。

| 国の対策 | ●**熱中症対策実行計画**として法定の閣議決定計画に**格上げ**した<br>→関係府省庁間の連携を強化し，これまで以上に総合的かつ計画的に熱中症対策を推進 |
|---|---|
| アラート | ●現行アラートを熱中症警戒情報として**法的に位置づけた**<br>●より深刻な健康被害が発生しうる場合に備え，一段上の**熱中症特別警戒情報**を新たに創設した |
| 地域の対策 | ●市町村長は，冷房設備を有する等の要件を満たす施設（公民館，図書館，ショッピングセンター等）を**指定暑熱避難施設（クーリングシェルター）**として指定する<br>●市町村長は，熱中症対策の普及啓発等に取り組む民間団体等を**熱中症対策普及団体**として指定する |

## 1問1答

| | 問題 | | 解答 |
|---|---|---|---|
| 1 | 2015年，フランスのパリで開かれたCOP21で，パリ協定が採択され，世界共通で平均気温上昇の長期目標は2℃以内とされ，1.5℃以内は努力目標となった。しかし，その後，2023年12月に開催されたCOP28で，1.5℃以内は事実上の世界目標に引き上げられた。 | ✕ | 後段は2021年10〜11月に開催された「COP26」の内容である。産業革命前からの気温上昇を1.5℃に抑える努力を追求するとした合意文書を採択し，1.5℃以内が事実上の世界目標となった。 |
| 2 | COP28の成果文書では，段階的削減の対象を石油や天然ガスを含む化石燃料全体に広げた。石炭火力発電については，多くの国が求めていた「廃止」という文言を盛り込んだ。 | ✕ | 「廃止」という文言は盛り込まれていない。 |
| 3 | COP28の成果文書では，再生可能エネルギーの容量を2050年までに2020年比で3倍にする旨が盛り込まれた。 | ✕ | 「2030年までに2020年比で3倍にする」旨が盛り込まれた。 |
| 4 | COP28の成果文書は，2023年が記録上最も暑い1年となることへの懸念を表明し，現状ではパリ協定の「1.5℃」に抑えるという目標を到底達成できないとした。 | ◯ | そのとおり。世界の温室効果ガス排出量を2019年比で43％減，2035年に60％減と大幅に減らす必要がある。 |
| 5 | わが国の2021年度の温室効果ガスの排出・吸収量は，11億2,200万トンで，前年度比2.0％の減少となった。 | ✕ | 前年度比2.0％の増加となった。 |
| 6 | わが国の年平均気温は，世界の平均気温よりも上昇の幅は小さく，100年当たりで1.30℃上昇している。 | ✕ | 世界の平均気温よりもさらに上昇の幅が大きくなっている。 |
| 7 | エルニーニョ現象は，南米ペルー沖の赤道付近で海面水温が平年より高くなり，その状態が1年程度続く現象のことをさすが，2023年にはわが国で発生しなかった。 | ✕ | 2023年6月，気象庁はエルニーニョ現象が4年ぶりに発生していると発表した。 |

# ○3 災害・防災

ランク
A

2024年1月には能登半島地震が起きたので，地震のメカニズムと発生後の被害および救援の状況を要チェック！　防災に関する基礎知識も押さえよう。

## ① 地震

### （1）マグニチュードと震度

一般的にマグニチュードが小さくても震源からの距離が近いと震度は大きくなる。一方，マグニチュードが大きい地震でも震源からの距離が遠いと震度は小さくなる。

▶マグニチュード…**地震そのものの大きさ（規模）を表す指標。**ある地震に比べてマグニチュードが0.2大きい地震は約2倍，**1大きい地震は約32倍，2大きい地震は約1,000倍の**エネルギーを持つ

▶震度…地震が起きた時のある場所での**揺れの強さ**のこと。マグニチュードと震度の関係は，相対的になる

地震そのものの大きさ（規模）東日本大震災はモーメントマグニチュード9.0だったよ。モーメントマグニチュードは大きな地震のエネルギー量をより正確に示す指標だよ。

### （2）関東大震災から100年

2023年は，1923年9月1日に発生した関東大震災から100年の節目に当たる年であったため，災害について改めて考え直す機会となった。関東大震災は，近代日本の首都圏に大きな被害をもたら

1923年9月1日
関東大震災にちなんで，9月1日は「防災の日」とされているよ。

した，災害史上特筆すべき災害である。**火災旋風**が猛威を振るい，大規模な延焼火災が拡大した。

火災旋風
炎や熱風が渦巻いて立ち上がる現象だよ。

### ●過去の大地震

|  | 関東大震災 | 阪神・淡路大震災 | 東日本大震災 |
|---|---|---|---|
| 発生年月日 | 1923年9月1日 | 1995年1月17日 | 2011年3月11日 |
| 地震規模 | マグニチュード7.9 | マグニチュード7.3 | モーメントマグニチュード9.0 |
| 直接死者・行方不明者 | 約10万5,000人（焼死が約9割） | 約5,500人（窒息死・圧死が約8割） | 約1万8,000人（溺死が約9割） |
| 全壊・全焼住家 | 約29万棟 | 約11万棟 | 約12万棟 |

内閣府HPより

## （3）令和6年能登半島地震

　2024年1月1日午後4時10分頃，石川県能登地方を震源とする**マグニチュード7.6**の大きな地震があった。揺れは**石川県志賀町と輪島市で震度7を観測**し，日本海側の広範囲で**津波を観測**した。これに対して政府は，総理大臣官邸で「令和6年能登半島地震に関する非常災害対策本部会議」を開催，「**プッシュ型支援**」を積極的に活用し，食料や生活関連物資の輸送を始めた。

プッシュ型支援
被災地からの要請を待たずに物資を届ける支援策だよ。

### ●能登半島地震発生直後の対応

| 1月1日 | 16:10頃 | 石川県・能登地方で最大震度7の地震が発生 |
|---|---|---|
|  | 16:11 | 首相官邸の**危機管理センターに対策室を設置** |
|  | 16:30 | 自衛隊が初動対応部隊を発足 |
|  | 20:03 | 災害対策基本法に基づき，防災担当相がトップの**特定災害対策本部を設置** |

| 1月2日 | 9:23 | 特定災害対策本部を首相がトップの**非常災害対策本部へ格上げ** |
| --- | --- | --- |
| | 10:40 | 自衛隊が統合任務部隊を1万人規模で編成 |
| | 17:47頃 | 東京・羽田空港で，日本航空の旅客機と被災地に物資を届ける途中だった海上保安庁の航空機が衝突・炎上する事故が発生 |
| 1月4日 | | 被災地に派遣する自衛隊員を4,600人に増員 |
| 1月9日 | | 政府は2023年度予算の予備費から**47億3,790万円**を支出することを決定 |
| 1月11日 | | 政府は，能登半島地震を「**激甚災害**」と「**特定非常災害**」に指定<br>❶激甚災害→復旧にかかる事業の補助金を上積み，中小企業者などへの支援措置が可能に<br>❷特定非常災害→被災者の**運転免許証**などの有効期限が**延長**，半壊以上の家屋の解体にかかる費用が**全額補助の対象** |
| 1月16日 | | 政府は2024年度予算案に盛り込まれた予備費について，現状の5,000億円から1兆円に倍増することを決定 |
| 1月26日 | | 「**生活と生業支援のためのパッケージ**」を閣議決定。「**緊急対応策**」として，**生活の再建，生業の再建，災害復旧等**の3つの柱が示された。<br>❶生活の再建：全壊家屋に加え，**半壊家屋**も解体費用を支援（**自己負担を特例でゼロに**）。**被災者生活再建支援金**（最大300万円）の迅速な支給<br>❷生業の再建：中小・小規模事業者，農林水産業の支援（補助金や貸付け等）。観光復興に向けて「**北陸応援割**」を速やかに実施（北陸4県への補助率50％，1人1泊当たり最大2万円）<br>❸災害復旧等：国による権限代行等 |
| 2月1日 | | 政府は復旧・復興支援本部の初会合を開催。現行の被災者生活再建支援金に加えて追加の**支援金を検討** |

## ② 水害
ここだけ

　日本では，毎年のように**線状降水帯**による大雨が発生し，甚大な被害が生じている。

▶線状降水帯…「次々と発生する発達した**雨雲（積乱雲）**が列をなした，組織化した積乱雲群によって，**数時間にわたってほぼ同じ場所を通過または停滞**することで作り出される，線状に伸びる長さ50〜300km程度，幅20〜50km程度の**強い降水を伴う雨域**」のこと

| 2023 | 7月 | 九州北部で線状降水帯による洪水等の災害が発生 |
| --- | --- | --- |
| | 9月 | 台風13号の影響で，千葉，茨城の両県などで線状降水帯が発生。千葉県では複数の観測地点で総雨量が平年9月の1か月分を上回る記録的な大雨 |

## ③ 防災基本計画修正
ここだけ

　防災基本計画は，**災害対策基本法**に基づいて，**中央防災会議**が作成するわが国の防災に関する総合的かつ長期的な計画である。

●2023年5月の修正ポイント

| 最近の施策の進展等を踏まえた修正 | ●**多様な主体と連携**した被災者支援<br>●国民への情報伝達<br>●デジタル技術の活用 |
| --- | --- |
| 日本海溝・千島海溝周辺海溝型地震に係る基本計画の変更を踏まえた修正 | ●北海道・三陸沖後発地震注意情報の解説・伝達 |
| 2022年に発生した災害を踏まえた修正 | ●北海道知床で発生した遊覧船沈没事故<br>→旅客船の総合的な安全・安心対策の強化<br>●トンガ諸島の火山噴火による潮位変化<br>→火山噴火等による津波に関する普及啓発・情報伝達 |

## ④ 避難情報

　避難情報は，災害対策基本法に基づいて，**各市町村長が発令**する。**高齢者等避難，避難指示，緊急安全確保**の３種類がある。　なお，警戒レベルは全部で5段階あるので，要注意。

| | 警戒レベル | 発表・発令 | 状況 | とるべき行動 | |
|---|---|---|---|---|---|
| 1 | **早期注意情報** | 気象庁 | 今後気象状況悪化のおそれ | 災害への心構えを高める | |
| 2 | **大雨・洪水・高潮注意報** | 気象庁 | 気象状況悪化 | 避難行動を確認 | |
| 3 | **高齢者等避難** | 市町村長 | 災害のおそれあり | 危険な場所から高齢者等は避難 | 避難情報 |
| 4 | **避難指示** | 市町村長 | 災害のおそれが高い | **危険な場所から全員避難** | |
| 5 | **緊急安全確保** | 市町村長 | 災害発生または切迫 | 命の危険直ちに安全確保 | |

国土交通省HPより

## ⑤ 避難行動要支援者の避難行動支援

### ●災害対策基本法の改正（避難行動要支援者について）

| 2013年の改正 | 避難行動要支援者名簿を作成することが市町村の義務とされた |
|---|---|
| 2021年の改正 | 個別避難計画を作成することが市町村の努力義務とされた |

▶避難行動要支援者…災害時に自ら避難することが困難な高齢者や障害者等のこと

## 1問1答

| | 問題 | | 解答 |
|---|---|---|---|
| 1 | 「マグニチュード」は，地震が起きた時のある場所での揺れの強さを表す指標である。ある地震に比べてマグニチュードが 1 大きい地震は約 32 倍，2 大きい地震は約 1,000 倍のエネルギーを持つ。 | × | 揺れの強さを表す指標は「震度」である。 |
| 2 | 1923年の関東大震災では，火災旋風が猛威を振るい，大規模な延焼火災が拡大した。死者・行方不明者は約5,500人におよび，窒息死・圧死がほとんどであった。 | × | 死者・行方不明者は，約10万5,000人におよび，焼死がほとんどであった。 |
| 3 | 2024年1月1日，石川県能登地方を震源とするマグニチュード7.6の大きな地震が発生した。揺れは石川県志賀町と輪島市で震度7を観測し，日本海側の広範囲で津波を観測した。 | ○ | そのとおり。なお，震度7は2018年の北海道胆振東部地震以来，大津波警報は2011年の東日本大震災以来である。 |
| 4 | 2024年1月に発生した能登半島地震に対応するため，政府は，総理大臣官邸で「令和6年能登半島地震に関する非常災害対策本部会議」を開催し，被災自治体からの要請を受けて必要な物資を調達・供給するプッシュ型支援を行うこととした。 | × | 被災自治体からの要請を受けて必要な物資を調達・供給するのはプル型支援である。プッシュ型支援とは，被災地からの要請を待たずに物資を届ける支援策のことをさす。 |
| 5 | 線状降水帯は，春から盛夏への季節の移行期に，日本から中国大陸付近に出現する停滞前線である。 | × | 本肢は，梅雨前線に関する説明である。 |
| 6 | 避難情報は，各市町村長が発令し，避難指示は，市町村が発令する「警戒レベル3」の避難情報のことである。 | × | 「警戒レベル4」の避難情報のこと。 |
| 7 | 2021年の災害対策基本法の改正では，避難行動要支援者について，避難行動要支援者名簿を作成することが市町村の義務とされた。 | × | 2021年の法改正では，個別避難計画を作成することが市町村の努力義務とされた。 |

# 04 科学技術・宇宙政策 ランク B

## 超約 ここだけ押さえよう!

科学技術の進展は，日本の成長を下支えする。宇宙政策は国産のロケットや探査機の活躍をチェックしておこう。

## ① 科学技術・イノベーション基本計画

2021年3月，政府は2021～25年度の5年間の科学技術政策の基本方針である「第6期科学技術・イノベーション基本計画」を閣議決定した。日本がめざす社会(Society5.0)は，以下の2つ。

❶国民の安全と安心を確保する持続可能で強靭な社会
❷一人ひとりの多様な幸せ(well-being)が実現できる社会

そのためには，**総合知による社会変革**と，知・人への投資の好循環が必要であるとしている。5年間で政府の研究開発投資の総額を30兆円，官民合わせた研究開発投資の総額を120兆円としている。

> 研究開発投資
> 「科学技術指標2023」によると日本の「TOP10%補正論文数」は13位，「TOP1%補正論文数」は12位と低迷しているよ。ちなみに中国が1位だ。国際的に高く評価されている研究結果を数多く生み出すには，国による教育・研究機関への投資も不可欠だね。

## ② 量子コンピュータ

量子コンピュータは，現在の**スーパーコンピュータ**では1億年以上かけても解けないような問題を，短時間で解くことができるとされている。2023年3月，理化学研究所が国産量子コンピュータ初号機(叡)を公開した。

> スーパーコンピュータ
> PCの数十万倍の速度で計算処理できるコンピュータだよ。2021年3月に完成した「富岳」が有名だね。

▶量子…粒子と波の性質を併せ持った，小さな物質やエネルギーの単位のこと。量子の世界では，<u>ニュートン力学や電磁気学などは通用せず</u>，「量子力学」という不思議な法則に従っている

（例）原子，原子を形作っているさらに小さな電子・中性子・陽子，<u>素粒子</u>（光を粒子として見たときの光子やニュートリノ，クォーク，ミュオンなど）

## ここだけ ③ 半導体

半導体を構成している材料で有名なものとして<u>シリコン(Si)</u>がある。半導体は「産業のコメ」と呼

シリコン(Si)
ほかにも，ゲルマニウムやセレン，カーボンなどもある。

ばれるようにさまざまな工業製品に使われていて，たとえば，スマートフォン，テレビ，パソコンのCPU，エアコン，LED電球などである。

かつて日本は世界の半導体市場で50％強のシェアを誇っていたが，<u>2019年のシェアは約1割</u>。国際情勢の複雑化，社会経済構造の変化等に伴い，安全保障を確保するために2022年5月，経済安全保障推進法が成立。同年12月には，政府は「<u>特定重要物資</u>」として，<u>半導体や蓄電池</u>など11分野を指定する閣議決定を行い，国内での生産体制を強化することになった。なお，半導体の安定供給確保を図ろうとする者は，供給確保計画を作成し，経済産業大臣の認定を受ければ，支援を受けることができる。

特定重要物資
ほかにも，永久磁石，重要鉱物，工作機械・産業用ロボット，航空機部品，クラウドプログラム，天然ガス，船舶の部品，抗菌性物質製剤（抗菌薬），肥料の各分野を対象としたよ。

▶半導体…<u>電気を通す金属などの「導体」と電気を通さないゴムなどの「絶縁体」の中間の性質を有する物質</u>。導体と絶縁体の中間の性質を持ち，電気を流したり流さなかったりといった形で，電気の流れを制御することができる。半導体を材料に用いたトランジスタや集積回路も総称して半導体と呼ばれることがある

## ④ 宇宙条約

宇宙空間に関する条約としては，1966年の国連総会で採択された**宇宙条約(1967年発効)**が有名。**宇宙空間や天体の領有の禁止，軍事利用の禁止**などを内容としている。

宇宙条約(1967年発効)
日本は1967年に批准したよ。

●**宇宙条約**

| | |
|---|---|
| **宇宙空間** | ●核兵器と他の大量破壊兵器を運ぶ物体を地球を回る軌道に乗せること，他のいかなる方法によってもこれらの兵器を宇宙空間に配置することを禁止 |
| **天体** | ●もっぱら**平和的目的**のために利用されるものとする<br>●軍事基地や軍事施設，防備施設を設置したり，兵器の実験と軍事演習を実施したりすることを禁止 |

## ⑤ 宇宙基本計画

「宇宙基本計画」とは，宇宙基本法(2008年制定)に基づいて策定されている今後10年の国の宇宙政策の基本方針。およそ3年ごとに改訂されていて，政府は2023年6月，3年ぶりに**新たな宇宙基本計画を閣議決定**した。また，宇宙分野の安全保障に関する戦略文書「**宇宙安全保障構想**」も決定した。

### (1)宇宙基本計画

目標と将来像は4つ掲げられている。

❶**宇宙安全保障の確保**

❷**国土強靱化・地球規模課題への対応とイノベーションの実現**

❸**宇宙科学・探査における新たな知と産業の創造**

❹**宇宙活動を支える総合的基盤の強化**

そして，宇宙産業を日本経済における成長産業とするために，市場規模を**2020年に4.0兆円から2030年代早期に2倍の8.0兆円**にするとされている。

## （2）宇宙安全保障構想

宇宙安全保障構想では，宇宙空間の安定的利用と宇宙空間への自由なアクセスを維持することを目標としている。

###  ⑥ アルテミス計画

ここだけ

アメリカが中心となり，**日本や欧州連合（EU）も参加**している**月面探査や月面基地の建設などをめざす壮大な計画**のことである。

| | |
|---|---|
| **2022** | NASAが試験飛行として無人の宇宙船を打ち上げて，月を周回した後地球に帰還 |
| **2025（目標）** | 有人月面着陸 |

月面探査や月面基地の建設などをめざす壮大な計画

のちのちは月を火星有人探査の拠点としようとしているよ。なお，1972年までのアポロ計画では7回の打上げと6回の月面着陸を成功させたんだ。初めて月面着陸に成功したのはアポロ11号だ。その計画からから半世紀たっての新たな挑戦となるよ。

###  ⑦ ロケット

ここだけ

## （1）H2Aロケット

国産の大型ロケットであるH2Aロケットの48号機が2024年1月に打上げに成功した。

▶H2Aロケット…7号機から47号機まで41回連続で成功している安定感のある大型ロケット

## （2）H3ロケット

他国の力を借りずに国際宇宙ステーションに物資を運搬すること，そして能力をビジネスで活用する体制を整備することを目的として開発が進められているが，2023年3月の打上げには失敗した。

▶H3ロケット…大型ロケット「H2A」の後継として開発された。役割は、「**自立性の維持**」と「**国際競争力の確保**」

## （3）イプシロンロケット

　H3とともに政府は「基幹ロケット」と位置づけてきた。2022年10月，イプシロンロケット6号機打上げが失敗。現在，「イプシロンS」が「イプシロン」の改良型として注目されている。なお，2023年7月に開発中のイプシロンSの2段機体の燃焼試験中に爆発が発生した。

▶イプシロンロケット…効率性に優れた**小型ロケット**

ここだけ

# ⑧ 探査機

## （1）小型月着陸実証機（SLIM）

　月への高精度（ピンポイント）着陸技術の実証をめざすことと，従来よりも軽量な月惑星探査機システムを実現し，月惑星探査の高頻度化に貢献することを目的としている。2024年1月，宇宙航空研究開発機構（JAXA）は，小型月着陸実証機「SLIM」の**月面着陸が成功**したと発表した。月面着陸成功は日本初で，世界でも5か国目の快挙。

▶小型月着陸実証機（SLIM）…**日本初の月面着陸に成功した小型探査機**

## （2）はやぶさ2

　「はやぶさ」が探査した小惑星イトカワ（S型）とは別の種類の小惑星（C型）を探査することが目的で，地球の海の水の起源や生命の原材料も探求している。

| 2018 | 小惑星リュウグウ(162173)に到着 |
|------|------|
| 2019 | 2回のタッチダウンによって試料を回収し，帰還に向かう |
| 2020 | 無事に地球に帰還し，試料が入ったカプセルを分離して，機体はそのまま新たな宇宙の旅を続けている<br>→土壌からはアミノ酸が検出，炭酸水も見つかった |

現在は，残っているイオンエンジンの燃料を使って，「1998 KY26」という小惑星に向かっており，到着は2031年とされている。

▶はやぶさ2…「はやぶさ」の後継機として小惑星のサンプルリターンを行う小惑星探査機

### 1問1答

| | 問題 | | 解答 |
|---|---|---|---|
| 1 | スーパーコンピュータは，現在の量子コンピュータでは1億年以上かけても解けないような問題を，短時間で解くことができる。量子コンピュータとしては「富岳」が有名である。 | × | スーパーコンピュータと量子コンピュータの記述が逆である。また，「富岳」はスーパーコンピュータである。 |
| 2 | 国際情勢の複雑化，社会経済構造の変化等に伴い，安全保障を確保するために2023年5月，経済安全保障推進法が成立し，「特定重要物資」として，11分野が指定されたが，その中に半導体や蓄電池などは入っていない。 | × | 半導体や蓄電池は入っている。 |
| 3 | 2023年6月の新たな宇宙基本計画では，目標と将来像に，宇宙安全保障の確保は盛り込まれなかった。 | × | 宇宙安全保障の確保は盛り込まれている。 |
| 4 | アルテミス計画は，アメリカが中心となり，月面探査や月面基地の建設などをめざす壮大な計画のことであるが，日本は参加していない。 | × | 日本は2019年に参加を表明した。 |
| 5 | 小型月着陸実証機（SLIM）は，日本初の月面着陸をめざす小型探査機のことで，2024年1月に月面着陸に成功した。 | ○ | そのとおり。 |

# 05 感染症対策

**超約** ここだけ押さえよう!

　新型コロナウイルス感染症は季節性インフルエンザと同等の扱いの「5類感染症」に移行したものの，改めて感染症を問い直す出題が考えられる。

## ① 5類への移行

　感染症法では，感染症について感染力や感染した場合の重篤性などを総合的に勘案し1〜5類等に分類し，感染拡大を防止するために行政が講ずることができる対策を定めている。

| 2020 | 2月 「指定感染症」に指定 |
|------|---------------------------|
| 2021 | 2月 「新型インフルエンザ等感染症(2類相当)」に |
| 2023 | 5月 「5類感染症」へと移行 |

| 分類 | 感染症名 |
|------|----------|
| 1類 | エボラ出血熱，痘そう，ペストなど |
| 2類 | 結核，SARSコロナウイルス，鳥インフルエンザ(H5N1，H7N9)など |
| 3類 | コレラ，細菌性赤痢，腸管出血性大腸菌感染症，腸チフスなど |
| 4類 | E型肝炎，黄熱，狂犬病，デング熱，鳥インフルエンザ(鳥インフルエンザ(H5N1，H7N9)を除く)など |
| 5類 | 季節性インフルエンザ，RSウイルス感染症，後天性免疫不全症候群(エイズ)，梅毒，破傷風，風しん，麻しんなど |
| 新型インフルエンザ等感染症 | 新型コロナウイルス感染症→2023年5月8日付けで5類感染症(定点把握分)へ変更 |
| 指定感染症 | 該当なし |
| 新感染症 | 該当なし |

## ●5類感染症への移行による主な変更点

| 感染症対策 | 政府が一律に日常における基本的感染対策を求めることはしない |
|---|---|
| 外出自粛 | 新型コロナ陽性者，濃厚接触者の外出自粛は求められなくなる |
| 医療機関 | 限られた医療機関でのみ受診可能であったのが，幅広い医療機関において受診可能になる |
| 医療費等 | 健康保険が適用され1割から3割は自己負担することが基本となるが，一定期間は公費支援を継続する |

## ●新型インフルエンザ等感染症（2類相当）と5類感染症の主な違い

| | 新型インフルエンザ等感染症 | 5類感染症 |
|---|---|---|
| 発生動向 | ●法律に基づく届出等から，感染者数や死亡者数の総数を毎日把握・公表<br>●医療提供の状況は自治体報告で把握 | ●定点医療機関からの報告に基づき，毎週月曜日から日曜日までの患者数を公表<br>●さまざまな手法を組み合わせた重層的サーベイランス（抗体保有率調査，下水サーベイランス研究等） |
| 医療体制 | ●入院措置等，行政の強い関与<br>●限られた医療機関による特別な対応 | ●幅広い医療機関による自律的な通常の対応<br>●新たな医療機関に参画を促す |
| 患者対応 | ●法律に基づく行政による患者の入院措置・勧告や外出自粛（自宅待機）要請<br>●入院・外来医療費の自己負担分を公費支援 | ●政府として一律に外出自粛はせず<br>●医療費の1割～3割を自己負担。入院医療費や治療薬の費用を期限を区切り軽減 |
| 感染対策 | ●法律に基づき行政がさまざまな要請・関与をしていく仕組み<br>●基本的対処方針や業種別ガイドラインによる感染対策 | ●国民の皆様の主体的な選択を尊重し，個人や事業者の判断にゆだねる<br>●基本的対処方針等は廃止。行政は個人や事業者の判断に資する情報提供を実施 |

| ワクチン | ● 予防接種法に基づき，特例臨時接種として自己負担なく接種 | ● 令和5年度においても，引き続き，自己負担なく接種<br>高齢者など重症化リスクが高い人等：年2回(5月〜，9月〜)<br>6か月以上のすべての人：年1回(9月〜)<br>● 令和6年4月以降は原則有料 |
|---|---|---|

厚生労働省HPより

## ② 内閣感染症危機管理統括庁

ここだけ

　2023年9月，感染症危機への対応にかかる司令塔機能を強化するために，内閣法を改正し，**内閣官房**に**内閣感染症危機管理統括庁**が設置された。内閣感染症危機管理統括庁が内閣総理大臣・内閣官房長官を直接支えて，感染症対応の方針の企画立案，各省の総合調整を一元的に所掌することになっている。

●業務内容

| 平時 | ● 「政府行動計画」の内容を充実させ，計画に基づく実践的な訓練を実施する<br>● 政府行動計画の内容が有事に機能するような**各省庁等の準備状況のチェック・改善を行うPDCAサイクルを推進**する |
|---|---|
| 有事 | ● 新型インフルエンザ等対策特別措置法に基づいて設置される政府対策本部のもとで**各省庁等の対応を強力に統括**する<br>● 新たに専門家組織として設置される「**国立健康危機管理研究機構**」から提供される科学的知見を活用しつつ，政府全体の方針を策定し，各省庁の総合調整をする |

> 国立健康危機管理研究機構
> 2025年度以降発足するとされるよ。

## ③ 世界保健機関（WHO）の緊急事態宣言終了

ここだけ

WHOは新型コロナウイルスの感染拡大を受け，2020年1月30日,「国際的に懸念される公衆衛生上の緊急事態(緊急事態宣言)」を宣言した。これに基づいて各国は感染対策やワクチン接種などの対応を強化してきたが，**2023年5月5日，この宣言を終了すると発表**。約3年3か月を経ての終了が決定した。

### 1問1答

| 問題 | 解答 |
|---|---|
| **1** 2021年2月，新型コロナウイルス感染症は,「新型インフルエンザ等感染症（2類相当)」となったが，2023年5月8日,「5類感染症」へと移行した。 | ◯ そのとおり。 |
| **2** 新型コロナウイルス感染症が「5類感染症」へと移行したものの，陽性者，濃厚接触者の外出自粛は引き続き求められる。 | ✕ 陽性者，濃厚接触者の外出自粛は求められなくなった。 |
| **3** 新型コロナウイルス感染症が「5類感染症」へと移行したことに伴い，限られた医療機関でのみ受診可能であったのが，幅広い医療機関においても受診可能になった。 | ◯ そのとおり。 |
| **4** 2023年9月，感染症危機への対応にかかる司令塔機能を強化するために，内閣法を改正し，内閣府に内閣感染症危機管理統括庁が設置された。 | ✕ 内閣府ではなく「内閣官房」の誤り。 |
| **5** 世界保健機関（WHO）が2020年1月30日に宣言した「国際的に懸念される公衆衛生上の緊急事態(緊急事態宣言)」は，2023年12月現在もなお解除されていない。 | ✕ WHOは，2023年5月5日，この宣言を終了すると発表した。 |

# 06 生物多様性

ランク C

---

**超約** ここだけ押さえよう！

生物多様性条約締約国会議（COP）が重要である。COPは「締約国会議」の略称で，気候変動枠組条約締約国会議だけではないので注意しよう。

## ① 生物多様性条約

| 1992 | ● 世界全体で生物多様性問題に取り組むことが重要であるという認識のもと，1992年に「**生物多様性条約**」が作られる<br>● ❶先進国の資金により開発途上国の取組みを支援する資金援助の仕組みと，❷先進国の技術を開発途上国に提供する技術協力の仕組みがある<br>● 生物多様性に関する情報交換や調査研究を各国が協力して行うことになる |
|---|---|
| 2010 | ● 愛知目標採択 |
| 2022 | ● 生物多様性条約第15回締約国会議（COP15）が**カナダのモントリオール**で開かれる<br>● 生物多様性に関する新たな世界目標である「**昆明・モントリオール生物多様性枠組**」が2010年に採択された**愛知目標の後継**として採択される<br>● 新たな世界目標には，2030年グローバルターゲットとして，日本が特に重視している「**30by30**」が盛り込まれる<br>▶ 30by30…陸と海のそれぞれ少なくとも30％を保護地域および保護地域以外で生物多様性保全に資する地域（OECM）により保全する<br>● 侵略的外来種の導入率および定着率を**50％以上削減**することが盛り込まれる |

## ② 生物多様性国家戦略

ここだけ

2023年3月，「生物多様性国家戦略2023-2030」が閣議決定された。「昆明・モントリオール生物多様性枠組」を踏まえた新たな基本的計画だ。

- 生物多様性損失と気候危機の「**2つの危機**」への統合的対応，**ネイチャーポジティブ（自然再興）の実現**に向けた社会の根本的変革を強調
- 「30by30」の目標達成に向けた取組みにより健全な生態系を確保し，自然の恵みを維持回復
- 自然資本を守り活かす社会経済活動（自然や生態系への配慮や評価が組み込まれ，ネイチャーポジティブの駆動力となる取組み）の推進

そして，2030年のネイチャーポジティブの実現に向けて，5つの基本戦略と，基本戦略ごとに状態目標（あるべき姿）（全15個），行動目標（なすべき行動）（全25個）を設定している。

## ③ 生物多様性及び生態系サービスに関する政府間科学-政策プラットフォーム（IPBES：イプベス）

ここだけ

生物多様性と生態系サービスに関する動向を科学的に評価し，科学と政策のつながりを強化する政府間組織で，2012年4月に作られた。事務局はドイツのボンに置かれていて，現在139か国が参加している。科学的評価，能力養成，知見生成，政策立案支援の4つの機能を柱としていて，**評価報告書の作成が主な活動**。

## ④ レッドリスト

ここだけ

国際的には**国際自然保護連合（IUCN）**が作成している。環境省では，日本に生息・生育する野生生物について，レッドリストとしてまとめている。「環境省レッドリスト2020」によると，13分類群の絶滅危惧種の合計種数は，レッドリスト2019の3,676種から40種**増加**して3,716種となっている。環境省が選定した絶滅危惧種の総数は，2017年3月に公開した海洋生物レッドリ

ストに掲載された絶滅危惧種56種を加えると3,772種となる。

▶レッドリスト…絶滅のおそれのある野生生物の種のリスト

## ⑤ 外来生物・鳥獣保護管理・捕鯨

### （1）外来生物

　外来生物法では，**特定外来生物**の指定を行っており，これに指定されると，飼養，栽培，保管，運搬，放出，輸入等が規制される。2023年6月から，**アカミミガメ**，**アメリカザリガニ**が「条件付特定外来生物」に指定された。「条件付」というのは，特定外来生物の規制の一部を，当分の間，適用除外にするという意味。

### （2）鳥獣保護管理

　2015年，従来の鳥獣保護法は名称が「**鳥獣の保護及び管理並びに狩猟の適正化に関する法律（鳥獣保護管理法）**」に改められ，法目的に**鳥獣の「管理」**を加えた。これに伴って，鳥獣の「保護」および「管理」の定義を規定した。→「鳥獣の保護」を基本とする施策から「鳥獣の管理」の施策へと転換する意図。

鳥獣の「管理」
ニホンジカやイノシシは，近年，急速に生息数が増加し，生態系や農林業に多くの被害を及ぼしているんだね。ヒグマとツキノワグマが2023年度中にもニホンジカやイノシシと同じく計画的に捕獲して頭数を管理する「指定管理鳥獣」に追加される予定だよ（エリアは北海道と本州のみ）。

### （3）捕鯨

　日本は，2019年6月いっぱいで**国際捕鯨委員会（IWC）**を脱退し，同年7月1日から大型鯨類を対象とした捕鯨業（商業捕鯨）を再開した。なお，これに対して**オーストラリア**は，商業捕鯨や調査捕鯨の廃止を訴えている。

## ⑥ 改正自然公園法

　2021年4月，改正自然公園法が成立し，同年5月公布された。国立公園の楽しみ方の充実が図るため，公園計画で従来の利用施設のハード整備に加え

て，新たに**自然体験アクティビティの促進**を位置づけた。具体的には，市町村やガイド事業者等からなる協議会を設け，自然体験活動促進計画を作成し，環境大臣・都道府県知事の認定を受けた場合には，計画に記載された事業の実施に必要な**許可が不要**となった。

1問1答

| 問題 | | 解答 |
|---|---|---|
| **1** | 2022年12月，生物多様性条約第15回締約国会議(COP15)が，カナダのモントリオールで開かれ，新たな世界目標である「昆明・モントリオール生物多様性枠組」が採択された。 | ○ そのとおり。 |
| **2** | 「昆明・モントリオール生物多様性枠組」では，日本が特に重視している陸域17％，海域10％が保護地域等により保全されることが目標として盛り込まれた。 | × 「30by30」の誤り。本肢は，2010年の「愛知目標(ターゲット)」時の記述である。 |
| **3** | 2023年3月に閣議決定された「生物多様性国家戦略2023-2030」では，ネイチャーポジティブ(自然再興)の実現に向けた社会の根本的変革は盛り込まれなかった。 | × 盛り込まれた。 |
| **4** | 「環境省レッドリスト2020」によると，13分類群の絶滅危惧種の合計種数は，レッドリスト2019の3,716種から減少して，3,676種となった。 | × 3,676種から40種増加して3,716種となった。 |
| **5** | 外来生物法では，特定外来生物の飼養，栽培，保管，運搬，放出，輸入等が規制される。2023年6月から，アカミミガメ，アメリカザリガニが条件付特定外来生物に指定された。 | ○ そのとおり。 |

# 07 ノーベル賞

## 超約 ここだけ押さえよう！

ノーベル賞は，日本人受賞者が出た翌年の試験では出題されやすい。2023年は受賞者が出なかったので優先順位はやや劣るかもしれない。

### ① ノーベル賞

スウェーデンの発明家アルフレッド・ノーベルの遺言に基づいて，物理学，化学，生理学・医学，文学，平和の各分野で「人類に最大の貢献をもたらした人々」に贈られる賞。後に，経済学分野も追加され，今では6つの賞がある。毎年，各賞最大3名まで受賞できる。

経済学分野も追加
ノーベル財団は経済学賞をノーベル賞とは認めていないんだ。正式名称は「アルフレッド・ノーベル記念スウェーデン国立銀行経済学賞」というよ。

### ② 2023年のノーベル賞受賞者

| 部門 | 受賞者 | 功績 |
|---|---|---|
| 生理学・医学賞 | カタリン・カリコー<br>ドリュー・ワイスマン | 新型コロナウイルスのワクチンを開発した |
| 物理学賞 | ピエール・アゴスティーニ<br>フェレンツ・クラウス<br>アンヌ・ルイエ | 「アト秒」と呼ばれる極めて短い時間だけ光を出す手法を開発した |
| 化学賞 | ムンジ・バウェンディ<br>ルイ・ブラス<br>アレクセイ・エキモフ | 「量子ドット」と呼ばれる微細な結晶を発見して，「ナノテクノロジー」の発展につながる基礎を築いた |

| 文学賞 | ヨン・フォッセ | ヨーロッパを代表するノルウェーの劇作家 |
|---|---|---|
| 平和賞 | ナルゲス・モハンマディ | **イランの人権活動家**で，女性の権利擁護や死刑制度の廃止を訴えた（現在は刑務所で服役中） |
| 経済学賞 | クラウディア・ゴールディン | 男女間の賃金格差の原因，労働市場における女性の役割を研究した |

## ここだけ ③ ノーベル賞を受賞した日本人

　日本人で初めてノーベル賞を受賞したのは湯川秀樹で，1949年に物理学賞を受賞した。日本はこれまで**物理学賞**，化学賞，生理学・医学賞で多くの学者が受賞してきた。一方，平和賞は**佐藤栄作元首相**のみ，文学賞は川端康成，**大江健三郎**の2人となっている。2022年，2023年は2年連続で受賞者が出なかった。

　ちなみに，日本人で受賞歴がないのは経済学賞のみ。そもそも経済学賞者は欧米人に偏っていて，アジア人として初めてノーベル経済学賞を受賞したのは，インドのアマルティア・センである（1998年）。

●近時の日本出身の受賞者（アメリカ国籍を取得した人も含む）

| | 部門 | 受賞者 | 功績 |
|---|---|---|---|
| 2021 | 物理学賞 | 真鍋淑郎 | $CO_2$濃度が上がれば地球温暖化につながるという予測モデルを世界に先駆けて発表した |
| 2019 | 化学賞 | 吉野彰 | リチウムイオン電池を開発した |
| 2018 | 生理学・医学賞 | 本庶佑 | 免疫の仕組みを利用する新たながんの治療法を発見した |
| 2016 | 生理学・医学賞 | 大隅良典 | たんぱく質を分解し，再びエネルギーとして使う，「オートファジー」という仕組みを明らかにした |

| 2015 | 生理学・医学賞 | 大村智 | 熱帯地方にすむ寄生虫が原因で起きる病気の治療薬「イベルメクチン」の開発を導いた |
|---|---|---|---|
| | 物理学賞 | 梶田隆章 | 物質を構成する最も基本的な粒子の一つ「ニュートリノ」を研究した |

## 1問1答

| | 問題 | | 解答 |
|---|---|---|---|
| 1 | ノーベル賞は，ノルウェーの発明家アルフレッド・ノーベルの遺言に基づいて，物理学，化学，生理学・医学，文学，平和の5分野で功績をあげた人に賞を付与するものである。 | × | ノルウェーではなく，「スウェーデン」である。また，経済学分野も含めれば6分野となる。 |
| 2 | ノーベル賞の各賞は，毎年，1名受賞できる。 | × | 毎年，各賞最大3名まで受賞できる。 |
| 3 | 2023年の生理学・医学賞は，新型コロナウイルスのワクチンを開発した功績が評価され，イランのナルゲス・モハンマディが受賞した。 | × | 「カタリン・カリコー」「ドリュー・ワイスマン」の誤り。ナルゲス・モハンマディはイランの人権活動家であり，ノーベル平和賞を受賞した。 |
| 4 | 歴代の日本人受賞者を見ると，文学賞では川端康成が唯一の受賞者となっている。 | × | 大江健三郎も受賞者である。 |
| 5 | 真鍋淑郎は，2021年に$CO_2$濃度が上がれば地球温暖化につながるという予測モデルを世界に先駆けて発表した点を評価され，ノーベル物理学賞を受賞した。 | ○ | そのとおり。 |

# 2章　人文科学分野の時事

# 08 ウクライナ情勢・パレスチナ問題

ランク
A

## 超約 ここだけ押さえよう！

ウクライナ情勢については引き続き要注意だが，2023年10月以降，パレスチナのガザ情勢も加わったので，中東地域の歴史的背景も一緒に確認しよう。

## ここだけ ① ウクライナ情勢

| 1922 | | ソ連の構成国（構成共和国）になる |
|---|---|---|
| 1954 | | クリミア半島がウクライナに帰属する（ソ連に属するロシア共和国→ウクライナに帰属変更） |
| 1986 | | チェルノブイリ原発事故 |
| 1991 | | ソ連崩壊の後，国民投票でウクライナが独立 |
| 1994 | | ブダペスト覚書→ウクライナが核兵器を放棄 |
| 2005 | | 親欧米派のユシチェンコが大統領になる |
| 2010 | | 親ロシア派のヤヌコビッチが大統領になる |
| 2014 | 2月 | マイダン革命→首都キーウでヤヌコビッチ政権への抗議活動が起こり，同氏がロシアに亡命 |
| | 3月 | クリミア危機→ロシアがクリミア半島を併合 |
| | 6月 | 親欧米派のポロシェンコが大統領になる |
| 2019 | | 親欧米派のゼレンスキーが大統領になる |
| 2022 | 2月 | ロシアが一方的にウクライナ東部2州（ドネツク州とルハンシク州）を国家承認→ロシアがウクライナ侵攻を開始→国連安保理でロシア非難決議が否決（ロシアが拒否権） |

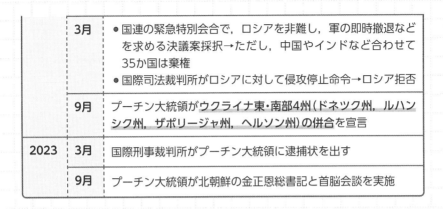

| | 3月 | ●国連の緊急特別会合で，ロシアを非難し，軍の即時撤退などを求める決議案採択→ただし，中国やインドなど合わせて35か国は棄権<br>●国際司法裁判所がロシアに対して侵攻停止命令→ロシア拒否 |
|---|---|---|
| | 9月 | プーチン大統領が**ウクライナ東・南部4州**(ドネツク州，ルハンシク州，ザポリージャ州，ヘルソン州)の併合を宣言 |
| 2023 | 3月 | 国際刑事裁判所がプーチン大統領に逮捕状を出す |
| | 9月 | プーチン大統領が北朝鮮の金正恩総書記と首脳会談を実施 |

## ここだけ ② パレスチナ問題

| 1915 | フサイン・マクマホン協定→イギリスがアラブ人の国家独立を約束 |
|---|---|
| 1916 | サイクス・ピコ協定→イギリス・ロシア・フランス間で結ばれた旧オスマン帝国領の分割に関する秘密協定(ロシアは革命で脱落)。パレスチナは国際管理地域とした |
| 1917 | バルフォア宣言→イギリスがユダヤ人国家の建設を支援(三枚舌外交) |
| 1947 | 国連でパレスチナ分割決議採択→アラブ人とユダヤ人の居住実態に合わせて分割を提案 |
| 1948 | ユダヤ人がイスラエルを建国→アラブ側が猛反発し，**第一次中東戦争**へ |
| 1956 | **第二次中東戦争**(スエズ動乱)→エジプトのナセル大統領がスエズ運河国有化宣言を出したことに対して，イギリス・フランス・イスラエルが共同出兵。しかし，国際的な非難を浴び撤退 |
| 1964 | パレスチナ解放機構(PLO)が結成され，**アラファト議長**を中心に，パレスチナの解放をめざす |
| 1967 | **第三次中東戦争**(六日間戦争)→いきなりイスラエルがエジプトに侵攻し，シナイ半島，ガザ地区，ゴラン高原，ヨルダン川西岸地域を占領 |

| 1973 | 第四次中東戦争→エジプト，シリアがイスラエルを攻撃。アラブ諸国が石油戦略を行う。OAPEC（アラブ石油輸出国機構）→イスラエル支持国への石油禁輸，一方OPEC（石油輸出国機構）→原油価格を値上げ。第一次オイルショックへ |
|---|---|
| 1993 | オスロ合意→イスラエルとPLOが相互承認 |
| 1994 | ガザ地区とヨルダン川西岸地域をパレスチナ自治区に |
| 1995 | パレスチナ自治政府を設立 |
| 2007 | イスラム原理主義組織ハマスがガザ地区を制圧→実効支配へ |
| 2014 | ガザ地区でハマスとイスラエルが交戦 |
| 2020 | イスラエルがアラブ諸国と国交正常化へ（アブラハム合意） |

> ガザ地区
> ヨルダン川西岸地域は，PLO内の最大組織ファタハ（イスラム穏健派）が統治しているよ。

| 2023 | 10月 | ハマスがイスラエルに攻撃→イスラエルも応戦 |
|---|---|---|
| | 11月 | ●ハマスが実効支配するガザ地区を北部と南部で完全分離。イスラエルのネタニヤフ首相は，ハマスが人質を解放しない限り停戦はないと断言<br>●国連安全保障理事会が，「長期間の人道的な戦闘休止と回廊設置」を求める決議案を採択→イスラエルを擁護してきたアメリカは拒否権を行使せずに棄権（採択を事実上容認）<br>●初めてイスラエル，ハマス間でガザ地区での4日間の戦闘休止とハマスが人質を解放する旨の合意が成立（カタールの仲介）<br>●戦闘休止2日間延長で合意，戦闘休止1日間延長で合意→休止7日間でハマスが解放した人質は105人<br>●イエメンの反政府勢力フーシ派（シーア派組織）は，イスラエルのハマスへの軍事作戦に対して，ハマスと連帯し紅海を航行する船舶を攻撃 |
| | 12月 | ●戦闘が再開<br>●ガザ地区の情勢をめぐり，国連安全保障理事会が人道目的の即時停戦を求める決議案を採決→アメリカが拒否権を行使したため否決<br>●イスラエルは，レバノンのシーア派組織ヒズボラから攻撃を受ける |

## 1問1答

| | 問題 | | 解答 |
|---|---|---|---|
| 1 | 2022年2月,ロシアがクリミア半島を併合したクリミア危機が起こり,ロシアがウクライナに侵攻を開始した。 | × | クリミア危機は2014年の出来事なので,時期が異なる。 |
| 2 | 2022年2月のロシアによるウクライナ侵攻に対して,国連安全保障理事会でロシアの非難決議が採択された。 | × | 採択されていない。ロシアが拒否権を行使したため。代わりに国連の緊急特別会合が開かれ,そこで非難決議が採択された。 |
| 3 | 2022年9月,プーチン大統領がウクライナ南部2州の併合を宣言した。 | × | ウクライナ東・南部4州(ドネツク州,ルハンシク州,ザポリージャ州,ヘルソン州)の併合を宣言した。 |
| 4 | サイクス・ピコ協定は,イギリス・ロシア・フランス間で結ばれた旧オスマン帝国領の分割に関する秘密協定で,パレスチナはイギリスの管理地域とした。 | × | パレスチナは,国際管理地域とした。 |
| 5 | 第四次中東戦争は,イスラエルがエジプト,シリアを攻撃したため起こった。この際,アラブ諸国が石油戦略を実施したため,原油価格が高騰し,第一次オイルショックとなった。 | × | エジプト,シリアがイスラエルを攻撃したため起こった。 |
| 6 | 2023年10月,イスラエルがパレスチナのガザ地区を実効支配しているイスラム組織ハマスを攻撃したため,これに対してハマスも応援し,交戦状態となった。 | × | 逆。ハマスがイスラエルを攻撃したため,イスラエルが応戦した。 |
| 7 | 2023年12月,パレスチナのガザ地区の情勢をめぐり,国連安全保障理事会は,人道目的の即時停戦を求める決議案の採決を行い,全会一致で可決された。 | × | 15か国のうち日本やフランスなど13か国が賛成したが,アメリカが拒否権を行使し決議案は否決された(アメリカは2023年10月にも拒否権を行使した)。 |

# ⓞ⑨ エネルギー事情

ランク
A

**超約** ここだけ押さえよう！

　日本の状況のみならず世界の状況を把握しておくことも大切。化石燃料の産出・輸出入動向や世界的なGXの方向性を押さえておこう。

## ①　日本のエネルギー事情

| エネルギー自給率（2021年度） | 13.3%→他のOECD諸国と比べても低い水準 | |
|---|---|---|
| 化石燃料への依存度（2021年度） | ● 83.2%→東日本大震災以降，化石燃料への依存度が高まったが，その後は，発電部門で再エネの導入や原子力の再稼動が進んだことなどにより，石油火力の発電量が減少傾向<br>● 内訳は，石油（36.0%），石炭（25.8%），天然ガス（21.4%）。石油の割合は9年連続で減少（1965年度以来最低） | |
| 日本の化石燃料輸入先（2021年） | 原油 | サウジアラビア，アラブ首長国連邦，クウェートの順→中東地域に9割以上依存（92.5%） |
| | 天然ガス | オーストラリア，マレーシア，カタールの順→中東地域依存度は低いもののアジアなど，海外からの輸入に依存 |
| | 石炭 | オーストラリア，インドネシア，ロシアの順→オーストラリアに大きく依存 |
| 再エネ比率（2020年度） | ● 約19.8%→再エネ発電設備容量は世界第6位で，太陽光発電は世界第3位 | |
| エネルギーミックス（2030年度におけるエネルギー需給の見通し） | ● 再エネ→36〜38%，水素・アンモニア→1%，原子力→20〜22%，LNG→20%，石炭→19%，石油等→2% | |

> **LNG**
> 液化天然ガスのことだよ。天然ガスを冷却して液化させたもので，日本は輸入に頼っているよ。ちなみに圧縮した天然ガスはCNG（圧縮天然ガス）というよ。

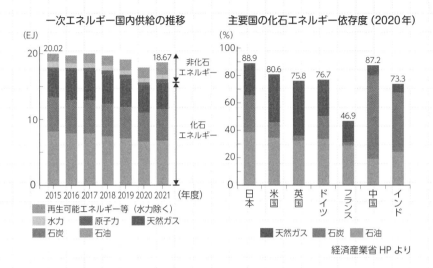

一次エネルギー国内供給の推移

主要国の化石エネルギー依存度 (2020年)

経済産業省 HP より

▶EJ（エクサジュール）…エネルギーの単位。1EJ（エクサジュール）は 1,018J（ジュール）。

## ② 電気・ガス料金・ガソリン価格

| | 電気・ガス価格激変緩和対策事業 | 燃料油価格激変緩和対策事業 |
|---|---|---|
| 対象 | 電気・ガス料金 | ガソリン価格 |
| 内容 | 電気・ガスの消費者負担を軽減するために，国が電気・都市ガスの**小売事業者**に補助金を出して支援 | 全国平均ガソリン価格が1リットル170円以上になった場合，1リットル当たり5円を上限として，**燃料油元売り**に補助金を支給 |
| 期間 | 2023年1月から実施。当初は2023年9月使用分までとしていたが，2024年4月末まで延長 | 2022年1月から実施。2024年4月末まで延長 |

## ③ 電力需給ひっ迫注意報・警報

これらの場合，切迫度に応じて，大規模停電を避けるための節電が呼びかけられる。2022年3月21日に初めて電力需給ひっ迫警報が発令されたが，2023年は発令されなかった。

- ▶電力需給ひっ迫注意報…翌日の電力供給予備率が **5％を下回る** と予測された際に発令
- ▶電力需給ひっ迫警報…翌日の電力供給予備率が **3％を下回る** と予測された際に発令

## ④ GX実現に向けた基本方針

- ▶GX（グリーントランスフォーメーション）…化石エネルギーを中心とした産業構造・社会構造を変革し，$CO_2$ を排出しないクリーンエネルギー中心のものに転換すること

●2022年末の基本方針

| エネルギー安定供給の確保を前提としたGX推進のためのエネルギー政策 | ● 徹底した省エネの推進<br>● 再エネの主力電源化<br>● 原子力の活用 |
|---|---|
| GXを具体的に進めるための方法である「成長志向型カーボンプライシング構想」 | ● GX経済移行債を活用した，今後10年間で20兆円規模の先行投資支援<br>● 成長志向型カーボンプライシングによるGX投資インセンティブ<br>● 新たな金融手法の活用<br>● 公正な移行などの社会全体のGXの推進 |

> 成長志向型カーボンプライシング構想
> カーボンプライシングとは，企業などが排出する$CO_2$(カーボン，炭素)に価格をつけ，それによって排出者の行動を変化させるために導入する政策手法のことだよ。

## 1問1答

| | 問題 | | 解答 |
|---|---|---|---|
| **1** | わが国のエネルギー自給率（2021年度）は13.3％であり，他のOECD諸国と比べても低い水準にとどまっている。 | O | そのとおり。 |
| **2** | わが国の化石燃料輸入先は，原油と天然ガスをサウジアラビア，アラブ首長国連邦，クウェートなどの中東地域に9割以上依存している。 | × | 原油については，中東に依存しているが，天然ガスはオーストラリアが主であり，中東地域依存度は低い。 |
| **3** | 2023年1月から実施されている「電気・ガス価格激変緩和対策事業」により，国が電気・都市ガスの小売事業者に補助金を出してきたが，2023年9月をもって終了した。 | × | 2024年4月末まで延長された。 |
| **4** | 電力需給ひっ迫警報は，翌日の電力供給予備率が5％を下回ると予測された際に発令される。 | × | 3％を下回ると予想された際に発令される。 |
| **5** | 2022年末に取りまとめられた「GX実現に向けた基本方針」では，エネルギー安定供給の確保を前提としたGX推進のためのエネルギー政策として，再エネの主力電源化は盛り込まれたが，原子力の活用は明記されなかった。 | × | 原子力の活用も明記されている。 |

# 10 食料事情

ランク
A

**超約** ここだけ押さえよう！

　ロシアのウクライナ侵攻の影響もあり，世界中で食料不足が拡大している。日本の食料安全保障政策にも注目だ。

## ①ロシアのウクライナ侵攻の影響

　国連食糧農業機関(FAO)によると，2020年の小麦輸出量は，ロシアが世界1位で，ウクライナは5位。ウクライナからロシアのシベリア南部にかけて分布する肥沃な黒土を**チェルノーゼム**といい，世界の食糧安定供給を支えてきた。

グローバル・サウス
明確な定義はないけど，南半球に多いアジアやアフリカなどの新興国・途上国の総称だと思っておこう。

| 2022 | 2月 | ロシアのウクライナ侵攻以降，ロシアによりウクライナの穀物輸出ルートが封鎖 |
| | 7月 | 国連とトルコの仲介で，ウクライナ，ロシアを含めた4者の合意のもと，黒海経由でウクライナの穀物を輸出する「**黒海穀物イニシアティブ**」が発足。たくさんの穀物等を「**グローバル・サウス**」の国と地域に届ける |
| 2023 | 7月 | **ロシアが参加を終了し**，黒海穀物イニシアティブが終了<br>→再び穀物輸出が停滞 |

## ②日本の食料事情

### (1)食料自給率

　2022年度の**食料自給率**は，次のとおり。なお，政府は，2030年度までにカロリーベースで45％，生産額ベースで75％をめざしている。

食料自給率
ほかにも，飼料自給率を反映しない食料国産率，農林水産業が有する食料の潜在生産能力である食料自給力などもあるね。

| カロリーベース | 38%（前年度と同じ） |
|---|---|
| 生産額ベース | 58%（前年度比5ポイント減） |

　前年と比べ，生産額ベースの低下が激しいが，これは，輸入された食料の量は前年度と同程度だったにもかかわらず，国際的な穀物価格や飼料・肥料・燃油等の生産資材価格の上昇，物流費の高騰，円安等を背景に，輸入価格が上昇したことが原因だ。

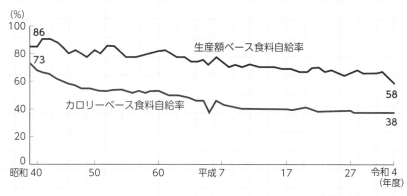

農林水産省 HP より

　次に，品目別に見てみる。**米だけが99％と飛び抜けて高く**，大豆や小麦，油脂類などの多くを輸入に頼っていることがわかる。

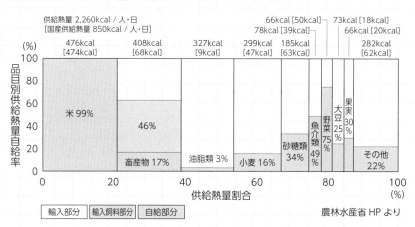

農林水産省 HP より

## （2）世界との比較

日本の食料自給率は，諸外国と比較すると，カロリーベース，生産額ベースともに低い水準にある。

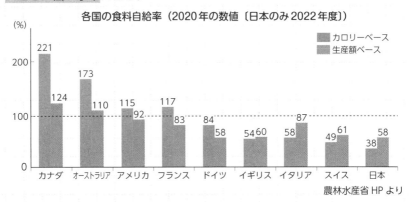

各国の食料自給率（2020年の数値〔日本のみ2022年度〕）

農林水産省HPより

## ③ 食料安全保障

ここだけ

2022年12月，食料安全保障の強化に向けて，食料安全保障強化政策大綱を決定した。

| 国の対策 | ● 食料生産に不可欠な肥料，飼料等を，国内資源の活用等へ大きく転換<br>● 安定的な輸入と適切な備蓄を組み合わせながら，過度な海外依存からの脱却を図る<br>● 水田を畑地化し，麦・大豆等の本作化を促進する |
|---|---|
| 地域の対策 | ● スマート農林水産業の成長産業化<br>● 農林水産物・食品の輸出の促進<br>● 農林水産業のグリーン化 |

農林水産物・食品の輸出の促進 2025年の輸出額2兆円目標の前倒しをめざしているんだ。2022年10月に，改正農林水産物食品輸出促進法が施行され，輸出促進団体（品目団体）認定制度ができ，国が支援することになったよ。

現在（2024年1月），政府は2024年の通常国会で，**食料・農業・農村基本法**を25年ぶりに改正する見通し。

食料・農業・農村基本法
農政の基本理念を示した法律で，食料の安定供給の確保を理念として掲げているよ。

## ④ 日本の農林水産物・食品の輸出

ここだけ

農林水産省の発表によると，2022年の農林水産物・食品の輸出実績は**過去最高の1兆4,148億円**（前年比14.3％増，1,766億円増）となった。10年連続の増加で，政府が主導してきた輸出拡大の取組みが功を奏した。

過去最高の1兆4,148億円
政府は，2025年までに2兆円，2030年までに5兆円とすることを目標としているよ。

## 1問1答

| | 問題 | 解答 | |
|---|---|---|---|
| 1 | 2022年7月に国連とトルコの仲介で成立した「黒海穀物イニシアティブ」は，2023年7月にロシアが参加を終了した。 | ○ | そのとおり。 |
| 2 | 2022年度のわが国の食料自給率は，カロリーベースで58％となり，前年度比5ポイント低下した。 | × | カロリーベースは38％であり，前年度と同様である。 |
| 3 | 2022年度の品目別の食料自給率（カロリーベース）では，大豆や小麦，油脂類などの多くを輸入に頼っているものの，それぞれ50％は超えている。 | × | 大豆＝25％，小麦＝16％，油脂類＝3％となっている。 |
| 4 | 2022年12月，食料安全保障の強化に向けて，食料安全保障強化政策大綱が決定された。その中で，食料安全保障強化のための重点対策として，食料生産に不可欠な肥料，飼料等を，国内資源の活用等へ大きく転換することが掲げられた。 | ○ | そのとおり。 |

# 11 文化政策・世界遺産

ランク B

国のブランド化として，文化政策は大切である。法改正も含めて大枠をつかむことが大切だ。世界遺産も念のためチェックしよう。

## ① 大阪・関西万博

「万博」とは，国際博覧会の略称で，国際博覧会条約に基づいて行われる**大規模イベント**で，最新技術や文化の展示が行われる点がポイント。万博は1851年にロンドンで開催された第1回ロンドン万国博覧会をきっかけに始まった。

> 大規模イベント
> 万博には5年以上の間隔をあけて開かれる「登録博覧会」と，2つの登録博覧会の間に開催される「認定博覧会」の2種類があるよ。

| 1970 | 大阪 | ● 日本万国博覧会<br>● 日本で初めての万博<br>● テーマは「**人類の進歩と調和**」で183日間展示<br>● 岡本太郎がデザインした「**太陽の塔**」がシンボルとして人気を集める |
|---|---|---|
| 1975 | 沖縄 | ● 沖縄国際海洋博覧会 |
| 1985 | 茨城 | ● 国際科学技術博覧会 |
| 1990 | 大阪 | ● 国際花と緑の博覧会 |
| 2005 | 愛知 | ● 日本国際博覧会 |
| 2025<br>(予定) | 大阪 | ● 大阪・関西万博<br>● 人工島「夢洲」で開催<br>● テーマは「**いのち輝く未来社会のデザイン**」。持続可能な開発目標(SDGs)達成への貢献やSociety5.0の実現がめざされる。<br>● 2023年11月　パリであった博覧会国際事務局(BIE)総会で，ロシアの代表が万博への不参加を表明 |

> 2025年
> 前回は2021年(コロナ禍の影響で2020年から延期)にUAE(アラブ首長国連邦)のドバイで開かれたよ。

## ② 文化芸術に関する立法
<small>ここだけ</small>

### （1）文化芸術振興基本法の一部を改正する法律

2017年に成立。文化芸術の振興にとどまらず，観光，まちづくり，国際交流，福祉，教育，産業その他の各関連分野における施策を法律の範囲に取り込むこと，文化芸術により生み出されるさまざまな価値を文化芸術の継承，発展および創造に活用すること，を趣旨として，法律の題名も「文化芸術基本法」に改めた。

### （2）改正博物館法

2022年に成立し，2023年4月から新たな制度に移行した。特に大切なのは，設置主体の限定の撤廃だ。従前の博物館に法的な位置づけを与える登録制度は，その対象となる博物館を設置主体によって限定していた。今回の法改正ではこれをやめて，国と独立行政法人を除く，あらゆる法人が設置する博物館が登録を受けることができるようになった（登録対象の拡大）。

## ③ 文化庁の京都移転
<small>ここだけ</small>

文化庁は京都移転に向けて組織改革・機能強化を図り，2023年3月，京都での業務を開始した。これは，明治以来初の中央省庁の移転であり，東京一極集中の是正や日本全国の文化の力による地方創生，地域の多様な文化の掘り起こしや磨き上げなど，さまざまな意義がある。

## ④ 文化勲章・文化功労者制度
<small>ここだけ</small>

優れた業績をあげた芸術家等の功績をたたえるため，顕彰制度が設けられている。有名なものとしては，文化勲章と文化功労者制度がある。文化勲章とは，文化の発達に関し勲績卓絶な者に対して授与される賞で，文化勲章受章者は，原則として前年度までの文化功労者の中から選ばれる。文化功労者制度は，文化の向上発達に関し特に功績顕著な者に年金を支給し，これを顕彰するために設けられたものである。

| 文化勲章 | |
|---|---|
| 受章者 | 肩書き |
| 井茂圭洞 | 書家 |
| 岩井克人 | 東京大名誉教授 |
| 川淵三郎 | 元日本サッカー協会会長 |
| 塩野七生 | 作家 |
| 谷口維紹 | 東京大名誉教授 |
| 玉尾皓平 | 京都大名誉教授 |
| 野村万作 | 能楽師 |

| 文化功労者制度 | |
|---|---|
| 文化功労者 | 肩書き |
| 阿形清和 | 基礎生物学研究所所長 |
| 荒川泰彦 | 東京大特任教授 |
| 伊丹敬之 | 一橋大名誉教授 |
| 河岡義裕 | 東京大特任教授 |
| 川久保玲 | ファッションデザイナー |
| 河口洋一郎 | CGアーティスト |
| 観世清和 | 能楽師 |
| 北大路欣也 | 俳優 |
| 木村興治 | 元日本卓球協会副会長 |
| 金水敏 | 大阪大名誉教授 |
| 黒田賢 | 書家 |
| 里中満智子 | マンガ家 |
| 中林忠良 | 版画家 |
| 牧進 | 日本画家 |
| 宮園浩平 | 東京大特別栄誉教授 |
| 東音宮田哲男 | 長唄唄方 |
| 宮田亮平 | 金工作家 |
| 矢野誠一 | 演劇・演芸評論家 |
| 横尾忠則 | 現代美術家 |
| 吉川洋 | 東京大名誉教授 |

## ⑤ 世界遺産条約

　人類共通の財産である世界遺産を守るため，1972年に世界遺産条約が**ユネスコ（UNESCO）**で採択された。2023年10月現在，195か国が締結している（日本は1992年に加盟）。各国は，価値があると考える自国の遺産を推薦し，諮問機関である**イコモス（ICOMOS）**による学術的な審査を経た後，21か国で構成される**世界遺産委員会**で登録の可否が決定される。

ユネスコ（UNESCO）
国際連合教育科学文化機関のことで，国連専門機関の一つだよ。

2023年10月現在，世界遺産は文化遺産933件，自然遺産227件，複合遺産39件で計1,199件となっている。

ここだけ
## ⑥ 日本の世界遺産

日本の世界遺産は，計25件登録されていて，内訳としては，**文化遺産が20件**，**自然遺産が5件**となっている。複合遺産がない点がポイント。

また，意外だが，四国地方にはまだ世界遺産がない。

> 自然遺産が5件
> 自然遺産はもともと数が少ないから，暗記してしまおう。

| 記載年 | 区分 | 遺産名 | 所在地 |
|---|---|---|---|
| 1993 | 文化 | 法隆寺地域の仏教建造物 | 奈良県 |
| | 文化 | 姫路城 | 兵庫県 |
| | 自然 | 屋久島 | 鹿児島県 |
| | 自然 | 白神山地 | 青森県・秋田県 |
| 1994 | 文化 | 古都京都の文化財（京都市，宇治市，大津市） | 京都府・滋賀県 |
| 1995 | 文化 | 白川郷・五箇山の合掌造り集落 | 岐阜県・富山県 |
| 1996 | 文化 | 原爆ドーム | 広島県 |
| | 文化 | 厳島神社 | 広島県 |
| 1998 | 文化 | 古都奈良の文化財 | 奈良県 |
| 1999 | 文化 | 日光の社寺 | 栃木県 |
| 2000 | 文化 | 琉球王国のグスクおよび関連遺産群 | 沖縄県 |
| 2004 | 文化 | 紀伊山地の霊場と参詣道 | 三重県・奈良県・和歌山県 |
| 2005 | 自然 | 知床 | 北海道 |
| 2007 | 文化 | 石見銀山遺跡とその文化的景観 | 島根県 |
| 2011 | 自然 | 小笠原諸島 | 東京都 |
| | 文化 | 平泉－仏国土（浄土）を表す建築・庭園および考古学的遺跡群－ | 岩手県 |
| 2013 | 文化 | **富士山**－信仰の対象と芸術の源泉－ | 山梨県・静岡県 |
| 2014 | 文化 | 富岡製糸場と絹産業遺産群 | 群馬県 |
| 2015 | 文化 | 明治日本の産業革命遺産　製鉄・製鋼，造船，石炭産業 | 福岡県・佐賀県・長崎県・熊本県・鹿児島県・山口県・岩手県・静岡県 |

> 富士山
> 富士山は文化遺産なので注意してね。

| 2016 | 文化 | ル・コルビュジエの建築作品－近代建築運動への顕著な貢献－ | 東京都　※その他にも，フランス・ドイツ・スイス・ベルギー・アルゼンチン・インドにある。大陸をまたぐ初の世界遺産 |
|------|------|--------------------------------------|-------------------------------------|
| 2017 | 文化 | 「神宿る島」宗像・沖ノ島と関連遺産群 | 福岡県 |
| 2018 | 文化 | 長崎と天草地方の潜伏キリシタン関連遺産 | 長崎県・熊本県 |
| 2019 | 文化 | 百舌鳥・古市古墳群－古代日本の墳墓群－ | 大阪府 |
| 2021 | 自然 | 奄美大島，徳之島，沖縄島北部および西表島 | 鹿児島県・沖縄県 |
|      | 文化 | 北海道・北東北の縄文遺跡群 | 北海道・青森県・岩手県・秋田県 |

## ⑦ 日本の無形文化遺産

ここだけ

世界遺産条約が対象としてきた有形の文化遺産ではなく，口承による伝統および表現，芸能，社会的慣習，儀式および祭礼行事，自然および万物に関する知識および慣習，伝統工芸技術などを「無形文化遺産」という。これらを保護しようとしたのが「無形文化遺産の保護に関する条約」（無形文化遺産保護条約）。2003年10月にユネスコ総会において採択され，2006年4月に発効した（日本は2004年に締結）。2024年1月時点では182か国もの締約国がある。2022年には風流踊が登録された。

## ⑧ 改正文化財保護法

ここだけ

2021年に改正文化財保護法が成立した（2022年4月施行）。改正法では，無形文化財・無形の民俗文化財の登録制度を新設し，幅広く文化財の裾野を広げて保存・活用を図ることとした。また，地方登録制度の新設し，地方公共団体は，条例で，文化財として保存・活用のための措置が特に必要とされるものをその地方公共団体の登録簿に登録できることになった。そして，登録した文化財のうち適当だと思われるものについては，文部科学大臣に対して，国の文化財登録原簿への登録を提案できるようになった。

## 1問1答

| | 問題 | | 解答 |
|---|---|---|---|
| 1 | わが国では，1970年に初めて大阪で万博が開催され，「いのち輝く未来社会のデザイン」をテーマに183日間展示が行われた。 | × | テーマは「人類の進歩と調和」。 |
| 2 | 2025年には，大阪府大阪市の人工島「夢洲」で「大阪・関西万博」が開かれることが決まっており，日本では7回目の万博開催となる。 | × | 日本では6回目の開催となる。 |
| 3 | 2017年，「文化芸術振興基本法の一部を改正する法律」が成立し，文化観光を推進するため，主務大臣が定める基本方針に基づく拠点計画や地域計画の認定，当該認定を受けた計画に基づく事業に対する特別の措置等について定められた。 | × | 本肢は「文化観光推進法」の内容である。 |
| 4 | 改正博物館法により，2023年年4月から，博物館に法的な位置づけを与える登録制度について，国と独立行政法人を除く，あらゆる法人が設置する博物館が登録を受けることができるようになった。 | 〇 | そのとおり。登録対象が拡大された。 |
| 5 | 文化勲章とは，文化の向上発達に関し特に功績顕著な者に年金を支給し，これを顕彰するために設けられたものである。 | × | 本肢は，文化功労者制度についての説明である。 |
| 6 | 日本の世界遺産は，計25件登録されていて，内訳としては，文化遺産が5件，自然遺産が20件となっている。 | × | 文化遺産が20件，自然遺産が5件である。 |
| 7 | 2021年登録の奄美大島，徳之島，沖縄島北部および西表島と北海道・北東北の縄文遺跡群はともに文化遺産である。 | × | 奄美大島，徳之島，沖縄島北部および西表島は自然遺産である。 |
| 8 | 2022年には，民俗芸能の分野で「風流踊」が世界無形文化遺産に登録された。 | 〇 | そのとおり。 |

# 12 人口

ランク A

超約 ここだけ押さえよう！

　人口は世界，日本を問わずよく出題されている。各データの増減を覚えることで大きな方向性をつかむことが大切だ。

## ここだけ ① 世界の人口

- 世界人口は80億4,500万人で**初めて80億人に到達**→前年に比べ7,000万人増加（世界の**人口増加率は低下傾向**）
　※国連の予測→増加率が低下する中でも2030年に約85億人，2050年には97億人に増える見込み。2080年代中に約104億人でピークに達すると予測

> 中国の人口
> 中国の2022年末時点の人口は前年から85万人減少した。人口減少は1961年以来，61年ぶりとなるよ。高齢化率も14.9%となり，国連統計に基づく推定よりも速いペースで高齢化が進んでいるんだ。

- 日本人口は1億2,330万人で**世界第12位**→前年に比べ1位ランクダウン
- **インドの人口が世界1位に**→**中国の人口**を抜く
- 2050年までに予測される人口増加の半分はアフリカ・アジアの8か国（コンゴ民主共和国，エジプト，エチオピア，インド，ナイジェリア，パキスタン，フィリピン，タンザニア）によるもの

●世界人口ランキング（人口1億人以上の国）

| 1位 | インド | 14億2,860万人 | 9位 | ロシア | 1億4,440万人 |
|---|---|---|---|---|---|
| 2位 | 中国 | 14億2,570万人 | 10位 | メキシコ | 1億2,850万人 |
| 3位 | アメリカ | 3億4,000万人 | 11位 | エチオピア | 1億2,650万人 |
| 4位 | インドネシア | 2億7,750万人 | 12位 | 日本 | 1億2,330万人 |
| 5位 | パキスタン | 2億4,050万人 | 13位 | フィリピン | 1億1,730万人 |
| 6位 | ナイジェリア | 2億2,380万人 | 14位 | エジプト | 1億1,270万人 |
| 7位 | ブラジル | 2億1,640万人 | 15位 | コンゴ民主共和国 | 1億230万人 |
| 8位 | バングラデシュ | 1億7,300万人 | | | |

国連人口基金（UNFPA）の「世界人口白書2023」

## ② 日本の人口（2023年1月1日現在）

ここだけ

| 総人口 | <u>1億2,541万6,877人</u>（日本人住民1億2,242万3,038人，外国人住民299万3,839人）<br>→日本人住民は前年比<u>減</u>，外国人住民は前年比<u>増</u> |
|---|---|
| 男女別人口 | 男性は6,117万5,768人（48.78％），女性は6,424万1,109人（<u>51.22％</u>） |
| 自然増減数（出生者数－死亡者数） | ▲78万5,251人（前年▲61万9,498人）→<u>自然減少数は前年より拡大</u> |
| 社会増減数（転入者数等－転出者数等） | 27万4,226人（前年▲10万6,844人）で，社会減少から<u>社会増加に転じた</u> |
| 都道府県別人口 | ● 多い→**❶東京都**，**❷神奈川県**，**❸大阪府**<br>● 少ない→**❶鳥取県**，**❷島根県**，**❸高知県**<br>※人口が多い東京都，神奈川県，大阪府，愛知県，埼玉県，千葉県，兵庫県および北海道の上位8団体で，<u>全国人口の半数以上</u>を占める |
| 日本人住民と外国人住民の増減 | ● 日本人住民では，<u>全団体で人口減少</u><br>※ただし，社会増加となったのは9団体ある<br>● 外国人住民では，<u>全団体で人口増加</u>（人口増加数は東京都，人口増加率は大分県がトップ） |
| 三大都市圏（東京圏，名古屋圏，関西圏）の人口 | 6,608万3,144人（前年6,615万3,265人）で，全国人口の<u>52.69％</u> |
| 100万人以上の都市（総計および日本人住民） | <u>11市</u>（前年と同数）→多いほうから，**❶神奈川県横浜市**，**❷大阪府大阪市**，**❸愛知県名古屋市**の順 |
| 各年齢階層別人口およびその割合 | ● 年少人口（15歳未満），割合→1994年の調査開始以降<u>毎年減少</u><br>● 生産年齢人口（15歳以上65歳未満）→<u>1995年を除き</u>1994年の調査開始以降<u>毎年減少</u><br>● 生産年齢人口の割合→2023年は1994年の調査開始以降<u>初めて前年を上回る</u><br>● 老年人口（65歳以上）→2023年は1994年の調査開始以降<u>初めての減少</u>（2015年から年少人口の2倍以上に）<br>● 老年人口の割合→1994年の調査開始以降<u>毎年増加</u> |

総務省HPより

## <sup>ここだけ</sup> ③ 日本の将来推計人口

- 総人口は，50年後に現在の7割に減少する反面，65歳以上人口はおよそ4割になる
- 総人口は，<u>2070年には8,700万人に減少する</u>→日本人人口に限定した参考推計では，2070年の日本人人口は7,761万人
- 65歳以上人口(高齢者数)のピークは，2043年の3,953万人
- 総人口が1億人を下回る時期は2056年

## 1問1答

| | 問題 | | 解答 |
|---|---|---|---|
| **1** | 2023年の世界人口は，80億人を初めて突破し，国別で見ると，依然として中国が1位であった。 | × | インドが中国を抜いた。 |
| **2** | 2023年1月1日現在の日本の総人口は，1億2,541万6,877人であり，日本人住民，外国人住民ともに減少した。 | × | 外国人住民は増加した。 |
| **3** | 都道府県で最も人口が多いのは東京都であり，最も人口が少ないのは沖縄県である。 | × | 最も人口が少ないのは鳥取県である。 |
| **4** | 日本の年少人口(15歳未満)の割合は，老年人口の割合(65歳以上)よりも高い。 | × | 低い。 |

# 3章　社会科学(政治・法律)分野の時事

# 13 G7サミット

ランク **A**

---

**超約** **ここだけ押さえよう！**

　G7サミットは，もともと頻出テーマだが，2023年は日本で開催されたこともあり，出題が予想されるので，しっかりマスターしよう。

## ① G7サミット

　「G7」は「Group of Seven」の略称で，**フランス・アメリカ・イギリス・ドイツ・日本・イタリア・カナダ**の7か国。これらの国は，自由，民主主義，人権などの基本的価値を共有している。正式には「**主要7か国首脳会議**」という。

7か国に加えてEU（ヨーロッパ連合）も参加よく写真には9人並んでいるよね。これは，EUから欧州理事会議長（EU大統領）と欧州委員会委員長の2人が参加しているからだよ。

| 1975 | フランスのパリで最初の会議が開かれる。カナダを除く6か国が参加 |
|---|---|
| 1976 | カナダ加入 |
| 1977 | EUの前身のEC（ヨーロッパ共同体）が加わる。現在は**7か国に加えてEU（ヨーロッパ連合）も参加** |
| 冷戦後 | ロシアが加入。G8に |
| 2020 | ロシアがウクライナ南部の**クリミア**を一方的に編入したことから，ロシアの参加が停止。G7に |

　2023年は日本の広島で開催された。日本が議長国を務めるのは，これで**7回目**。今回の招待国は，**オーストラリア，ブラジル，コモロ，クック諸島，インド，インドネシア，韓国，ベトナムの8か国**で，3回目のセッションには**ウクライナ**が参加した。

## ② 核軍縮に関するG7首脳広島ビジョン

- ロシアのウクライナ侵略の文脈における，ロシアによる核兵器の使用の威嚇，ロシアによる核兵器のいかなる使用も許されない
- **核兵器不拡散条約(NPT)**は，国際的な核不拡散体制の礎石であり，核軍縮および原子力の平和的利用を追求するための基礎として堅持されなければならない
- 「**核兵器のない世界**」という究極の目標に向けたコミットメントを再確認→日本の「**ヒロシマ・アクション・プラン**」は，歓迎すべき貢献
- 中国による透明性や有意義な対話を欠いた，加速している核戦力の増強は，世界および地域の安定にとっての懸念となっている
- 北朝鮮による完全な，検証可能な，かつ不可逆的な放棄という目標への揺るぎないコミットメントを改めて表明

核兵器不拡散条約(NPT)
1968年に国連総会で採択され，1970年に発効した条約。米・英・仏・ロ・中の5大国を核保有国とし，核の拡散防止義務を課す。非核保有国は原子力の平和利用をしているか否かの検証システムに服し，IAEA(国際原子力機関)の査察を受け入れる義務を負う。日本も査察を受け入れているよ。

ヒロシマ・アクション・プラン
❶核兵器不使用を継続，❷透明性向上，❸核兵器数の減少傾向を維持，❹核兵器不拡散と原子力の平和利用，❺各国首脳等による被爆地訪問の促進の5本柱だよ。

## ③ 首脳コミュニケ（声明）

1日前倒しで発表する異例の事態となった。

| ウクライナ情勢 | ● ロシアによるウクライナ侵略を可能な限り最も強い言葉で非難<br>● 「ウクライナに関するG7首脳声明」を発出→ウクライナに対する支援 |
|---|---|
| 軍縮・不拡散 | ● 「核軍縮に関するG7首脳広島ビジョン」とともに，核兵器のない世界の実現に向けたコミットメントを表明 |
| インド太平洋 | ● 「自由で開かれたインド太平洋」の重要性を改めて表明 |

| 気候 | ● 遅くとも2050年までのネット・ゼロ目標にコミットするよう求める |
|---|---|
| 環境 | ● 2040年までに追加的なプラスチック汚染をゼロにする |
| エネルギー | ● 再生可能エネルギーの世界的な導入拡大およびコスト引下げに貢献 |
| 経済的強靱性・経済安全保障 | ● グローバルな経済的強靱性および経済安全保障を強化する経済政策を推進<br>● 「経済的強靱性および経済安全保障に関するG7首脳声明」を採択 |
| 食料安全保障 | ● 「強靱なグローバル食料安全保障に関する広島行動声明」に示された具体的な措置をパートナー国とともに取り組むことにコミット |
| デジタル | ● 生成人工知能（AI）に係る議論を年内に行うため，「広島AIプロセス」を立ち上げるよう関係閣僚に指示 |
| ジェンダー | ● 女性および女児，LGBTQIA＋の人々の完全かつ平等で意義ある参加の確保等に向け，社会のあらゆる層とともに協同していくことに努める |
| 地域情勢 | ● デカップリング（切り離し）または内向き志向にはならない。経済的強靱性にはデリスキング（危険回避）および多様化が必要。重要なサプライチェーンにおける過度の依存を低減<br>● 東シナ海および南シナ海における状況について深刻に懸念<br>● 台湾海峡の平和と安定の重要性を再確認<br>● 中国に対し，ロシアが軍事的侵略を停止するよう圧力をかけることを求める<br>● 北朝鮮による不法な弾道ミサイル発射を強く非難 |

## ④ G20サミット

<ruby>ここだけ<rt></rt></ruby>

G20サミットの正式名称は「金融・世界経済に関する首脳会合」。G7のみならず，**中国やロシア，インド**なども参加する「国際経済協調の第一のフォーラム」。2023年9月にG20サミットが**インドのニューデリー**で開かれた。「一つの地球，一つの家族，一つの未来」のテーマのもと，食料安全保障，気候・エネルギー，開発，保健，デジタルといった重要課題について議論が行われ，首脳宣言が発表された。ちなみに，G20サミットには**中国の習近平国家主席とロシアのプーチン大統領は不参加**だった。

## 1問1答

| | 問題 | | 解答 |
|---|---|---|---|
| **1** | G7は，フランス・アメリカ・イギリス・中国・日本・イタリア・ロシアの7か国である。 | × | 「中国」「ロシア」は含まれない。「ドイツ」「カナダ」の誤り。 |
| **2** | 2023年には広島でG7サミットが開かれたが，日本における開催は2008年の北海道洞爺湖サミット以来，7回目である。 | × | 2016年の伊勢志摩サミット以来，7回目の開催。 |
| **3** | 「核軍縮に関するG7首脳広島ビジョン」には，ロシアのウクライナ侵略における核兵器の使用の威嚇，核兵器の使用などを禁止する旨が明記された。 | ○ | そのとおり。 |
| **4** | 2023年9月，G20サミットがインドのニューデリーで開かれ，中国の習近平国家主席とロシアのプーチン大統領も参加した。 | × | 習近平国家主席，プーチン大統領の両者は参加しなかった。 |

# 14 世界情勢

## 超約 ここだけ押さえよう！

　各国の情勢は毎年1問出題されるといってもいいほどの頻出テーマだ。特に国家公務員も受験する人は要注意！

### ここだけ ① アメリカ

| 2021 | ・バイデン大統領が**パリ協定への復帰**<br>・アメリカ，イギリス，オーストラリアの3か国が**AUKAS**（オーカス）を立上げ<br>→インド太平洋地域での**安全保障協力の枠組み** |
|------|------|
| 2022 | ・アメリカが主導する新たな経済圏構想「**インド太平洋経済枠組み（IPEF）**」立上げを発表<br>・アメリカで中間選挙が実施→上院は民主党が多数派，下院は共和党が多数派（ねじれの状態） |
| 2023 | ・4月　バイデン大統領が2024年の大統領選への出馬を正式表明<br>・9月　就任後初めて**ベトナム**を訪問→戦略パートナーシップ協定に署名<br>・11月　バイデン大統領が中国の習近平国家主席と会談（**米中首脳会談**）<br>　❶軍・国防当局間の対話を再開<br>　❷AIをめぐる政府間対話構築<br>　❸気候変動対策での協力<br>　❹薬物対策の作業部会を設置<br>　について合意 |

> 安全保障協力の枠組みQUAD（クアッド）というのもあるね。これは，自由や民主主義，法の支配といった基本的価値を共有する日本，アメリカ，オーストラリア，インドの4か国の枠組みだよ。

> インド太平洋経済枠組み（IPEF）
> 日本を含む14か国が参加を表明しているよ。

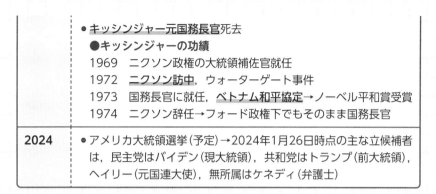

| | ●キッシンジャー元国務長官死去 |
|---|---|
| | ●キッシンジャーの功績 |
| | 1969　ニクソン政権の大統領補佐官就任 |
| | 1972　<u>ニクソン訪中</u>，ウォーターゲート事件 |
| | 1973　国務長官に就任，<u>ベトナム和平協定</u>→ノーベル平和賞受賞 |
| | 1974　ニクソン辞任→フォード政権下でもそのまま国務長官 |
| 2024 | ●アメリカ大統領選挙(予定)→2024年1月26日時点の主な立候補者は，民主党はバイデン(現大統領)，共和党はトランプ(前大統領)，ヘイリー(元国連大使)，無所属はケネディ(弁護士) |

ここだけ
## ② 中国

| 2018 | ●<u>憲法改正</u>→国家主席の<u>任期(2期10年まで)を撤廃</u> |
|---|---|
| 2019 | ●武漢市で新型コロナウイルス感染症が報告 |
| 2020 | ●<u>香港国家安全維持法</u>の施行→香港の民主活動家などが多数逮捕。<u>一国二制度</u>が有名無実化したという評価あり |
| 2021 | ●人口計画出産法を改正し，3人目の出産を認めた(三人っ子政策) |
| 2022 | ●習近平国家主席の**3期目**がスタート<br>●中国の人口が減少に転じた |
| 2023 | ●中国・中央アジアサミット→<u>西安宣言採択</u>(2年ごとに会議開催の方針) |
| | ●10月　中国の主導する巨大経済圏構想「<u>一帯一路</u>」の国際会議を北京で開催(130か国以上が参加)→ロシアのプーチン大統領も出席 |
| | ●11月　<u>日中首脳会談</u>をサンフランシスコで開く→「<u>戦略的互恵関係</u>」を包括的に推進する方針を確認 |

一国二制度
香港がイギリスから返還された後も、50年間は高度な自治を認めるという方針だよ。

ここだけ
## ③ EU

　2023年は，ECがEUに発展を遂げた**マーストリヒト条約**発効から30年の節目に当たる年だった。同年12月には，首脳会議でウクライナとその隣国モルドバの加盟交渉を正式に開始することを決定し，同時にジョージアを正式な加盟候補国とすることにした。

> マーストリヒト条約
> 単一通貨ユーロの発行や共通の外交・安全保障政策，司法・内務協力などを柱としていたよ。2009年に発効したリスボン条約では，欧州理事会常任議長（EU大統領）とEU外務・安全保障政策上級代表（EU外相）を置いたよ。

| イギリス | ●ジョンソン首相（保守党）の辞任後，**トラス首相（保守党）**が任命されるも，2か月足らずで辞任（イギリス史上最短）→**スナク首相（保守党）**へ<br>●2023年7月　環太平洋経済連携協定（TPP）加入が正式に承認された。2018年12月の協定発効後で初の新規参加国となる |
|---|---|
| フランス | ●2022年に**マクロン大統領が再選**→急進右派・国民連合のルペン氏を決選投票で下し，再選を決めた。しかし，その後の国民議会選挙でマクロン大統領の支持勢力の議席は過半数を下回った |
| ドイツ | ●2021年に長期政権を率いてきたメルケル首相が退任し，**社会民主党のショルツ**が新首相として議会から選出。社民党，緑の党，自由民主党の**3党連立**<br>●2023年4月　**脱原発完成**。稼働していた最後の3基の原発が送電網から切り離された |
| イタリア | ●議会選挙で「イタリアの同胞」が第一党に躍進→2022年10月に**メローニ**は女性として初めてイタリアの首相に就任<br>●2023年9月　中国の巨大経済圏構想「一帯一路」から離脱する方針を表明→2023年12月　正式に離脱を通知 |
| オランダ | ●2023年11月　オランダ下院総選挙が行われ，**ウィルダース党首率いる右翼の自由党（PVV）**が初めて第一党へ→同党は反移民・反欧州連合（EU）を掲げている |

| ポーランド | ● 2023年10月　ポーランド下院選が行われ，その結果2015年から続いてきた愛国主義を掲げる「法と正義」の政権から，<u>自由や民主主義を重視するリベラル勢力による連立政権に交代</u>することとなった。政権交代は8年ぶり。首相には<u>トゥスク</u>が選出された |

トゥスク
トゥスクは，EU大統領を務めたこともあり，野党連合「市民連立」を率いて，EUの理念を重視している。隣国ウクライナの支援も掲げているよ。

ここだけ

## ④ ロシア

2023年11月には，プーチン大統領が2000年に手続きを完了した**包括的核実験禁止条約(CTBT)の批准を撤回する法律に署名し，発効させた**。署名しているものの批准していないアメリカと同様の立場をとるためといわれている。また，同時に<u>アメリカとの新戦略兵器削減条約(新START)の履行停止も表明</u>した。これにより，米ロ間の核軍縮の気運は後退することになった。

さらに，2023年12月，ロシア上院が大統領選挙期日を2024年3月17日とする決定をした。これに対してプーチン大統領は**通算5選をめざし出馬し，圧勝するシナリオが確実視**されている。

通算5選をめざし出馬し，圧勝するシナリオが確実視
ロシア憲法には3選禁止規定があるよ。しかし，2020年の改正でこれまでの通算4期はリセットされることになっているよ。

# ⑤ ASEAN

ここだけ

## ●近年の動き

| 2022 | 11月　ASEAN首脳会議で**東ティモール**の加盟が内定 |
|------|------|
| 2023 | 9月　インドネシアの**首都ジャカルタ**で開かれた首脳会議では，日ASEAN包括的戦略的パートナーシップ（CSP）を立ち上げる共同声明が採択。また，岸田総理は，ASEANによる連結性強化の取組みを一貫して支援するための「**日ASEAN包括的連結性イニシアティブ**」を発表 |

> 首都ジャカルタ
> インドネシアは，首都をジャワ島のジャカルタからカリマンタン島（ボルネオ島）東部に移転し，新首都名を「**ヌサンタラ**」にするよ。

## ●主要国の動き

| ミャンマー | • **ロヒンギャ**がミャンマーからバングラディシュを中心に避難している状態<br>• 2020年の総選挙で**アウン・サン・スー・チー**率いる国民民主連盟（NLD）が勝利→軍事政権からの脱却→しかし，2021年2月，クーデタで軍が力で制圧し，スー・チー氏を拘束 |
|------|------|
| タイ | • 2023年8月　議会で首相を決める投票が行われ，軍事クーデタで政権を追われたタクシン元首相派の**タイ貢献党**が擁立した**セター**が新首相に選出 |
| フィリピン | • 2022年5月　かつて独裁政権を率いたマルコス大統領の子，**フェルナンド・マルコス**が大統領に当選 |

> ロヒンギャ
> ミャンマーのイスラム系少数民族のことだよ。

## ⑥ 東アジア

| 韓国 | ● 2022年3月　大統領選挙で，**保守系「国民の力」の尹錫悦（ユン・ソギョル）**が当選<br>● 2023年5月　岸田首相が韓国を訪問し，尹錫悦大統領と首脳会談→両国トップによる**シャトル外交が12年ぶりに再開** |
|---|---|
| 台湾 | ● 2024年1月　総統選挙が行われ，**与党・民進党の頼清徳**が当選<br>→**初めて同じ政党が3期続けて政権を担う**<br>● 同日の議会（立法院）の選挙では，民進党は改選前より11議席減<br>→**過半数を維持できず** |

## ⑦ 中東

| イラン | ● 2021年6月　大統領選挙で，**保守強硬派のエブラヒム・ライーシー師**が当選<br>● 2023年3月，中国の仲介により，サウジアラビアと7年ぶりに外交関係を正常化させることに合意→共同声明で発表<br>● 2023年11月，イランの**ライーシー大統領**とサウジアラビアの**ムハンマド皇太子**が，外交関係の正常化合意後初となる電話での首脳会談を行う→パレスチナとイスラエルの対立について話し合った |
|---|---|
| イスラエル | ● 2022年11月　議会選挙が行われ，**ネタニヤフ**が再度首相へ→イスラエル史上，最も右派の連立政権が発足<br>● 2023年10月　パレスチナのガザ地区を実効支配する武装組織ハマスが，イスラエルを攻撃→イスラエルも激しい空爆で応酬 |
| イエメン | ● 2024年1月，アメリカ・イギリス軍が，イエメンの親イラン武装組織フーシ派の軍事拠点に対し空爆を行った→**フーシ派**がそれまで約2か月にわたり紅海で行っていた船舶攻撃への対応 |

フーシ派
イエメンのイスラム教シーア派の武装組織なんだ。ハマスと同様，イスラエルを敵対視しているよ。

**3章 社会科学ー政治・法律ー**

**14 世界情勢**

| トルコ | ● 2023年5月　決選投票で現職の**エルドアン**が再選→スウェーデンのNATO加盟について，当初，自国から分離独立を図るクルド人武装組織をスウェーデンが支援しているとして反対→後に加盟承認の意向 |
| --- | --- |

## ⑧ その他の地域の動向

| BRICS | ● 2023年8月　BRICS首脳会合が開催→6か国(**アルゼンチン，エジプト，エチオピア，イラン，サウジアラビア，UAE〈アラブ首長国連邦〉**)の新規加盟が決定。その後，アルゼンチンが不参加を表明 |
| --- | --- |
| ブラジル | ● 2023年10月　大統領選挙の決選投票で，かつて左派政権を率いた**ルーラ・ダシルバ元大統領**が当選 |
| ニュージーランド | ● 2023年10月，総選挙が行われ，最大野党の国民党(中道右派)が第1党となった<br>● 2023年11月，先の総選挙で勝利した国民党のクリストファー・ラクソン党首が首相に就任し，3党連立政権を発足させた |

> **BRICS**
> 新興5か国(ブラジル，ロシア，インド，中国，南アフリカ)だよ。

# 1問1答

| 問題 | | 解答 |
|---|---|---|
| **1** 2023年11月，アメリカのバイデン大統領は中国の習近平国家主席と会談し，軍・国防当局間の対話を再開することなどを合意した。 | O | そのとおり。米中首脳会談の内容として正しい。 |
| **2** 2023年11月，日中首脳会談がサンフランシスコで開かれ，「一帯一路」を包括的に推進する方針を確認した。 | × | 「戦略的互恵関係」を包括的に推進する方針を確認した。 |
| **3** 2023年12月に開催されたEUの首脳会議で，ウクライナとその隣国ジョージアの加盟交渉を正式に開始することが決定された。 | × | 隣国モルドバである。 |
| **4** ドイツは，G7で唯一中国の巨大経済圏構想「一帯一路」に参加していたが，中国の専制主義への警戒や経済的な効果が乏しいことなどを理由に，2023年12月に正式な離脱を中国側に通知した。 | × | イタリアの誤りである。 |
| **5** 2023年11月，ロシアのプーチン大統領は包括的核実験禁止条約（CTBT）の批准を撤回する法律に署名し，発効させた。 | O | そのとおり。同時にアメリカとの新戦略兵器削減条約（新START）の履行停止も表明した。 |
| **6** 2024年1月，イエメンの親イスラエル武装組織フーシ派がそれまで約2か月にわたり紅海で行っていた船舶攻撃に対応するため，アメリカ・イギリス軍が空爆を行った。 | × | フーシ派は，イエメンの親イラン武装組織である。イスラエルとは敵対している。 |
| **7** 2023年10月，ブラジル大統領選挙の決選投票で，かつて左派政権を率いたルーラ・ダシルバ元大統領が当選した。 | O | そのとおり。 |

# 15 世界の地域機構

ランク A

## 超約 ここだけ押さえよう！

NATOでは2023年に大きな動きがあった。また，APECでも首脳宣言が採択されたため，出題の的となりうる。

### ここだけ ① NATO（北大西洋条約機構）

NATOは，第二次世界大戦後の冷戦構造が明確化する中で，1949年に当初アメリカや欧州諸国の12か国で結成した安全保障の枠組み。

●2023年におけるNATOの主な動き

| 2023 | 4月 | フィンランドが加盟 |
|---|---|---|
| | 7月 | トルコのエルドアン大統領が，スウェーデンのNATO加盟を認めるとする考えを伝えた |
| 2024 | 1月 | トルコ議会はスウェーデンのNATO加盟に向けた法案を1月23日に承認。同国が加わると加盟国は32か国になる |

> トルコのエルドアン大統領が，スウェーデンのNATO加盟を認める2022年5月にフィンランドとともに加盟申請をしていたんだけど，トルコがスウェーデンに亡命した敵対勢力「クルド労働者党」(PKK)の関係者の身柄の引き渡しを条件としていたんだ。これに対して，スウェーデンはPKKを含むテロ組織への参加や支援を禁止する「反テロ法」を作って対応したよ。

NATOは，集団的防衛をとれる点が最大の強みである。具体的には，締約国に対する武力攻撃を全締約国に対する攻撃とみなし，締約国は，国連憲章の認める個別的または集団的自衛権を行使できる。

### ここだけ ② クアッド（QUAD）

日米豪印４か国による連携の枠組み。この４か国は，基本的価値を共有

し，法の支配に基づく自由で開かれた国際秩序の強化にコミットし，「<u>自由で開かれたインド太平洋</u>」の実現をめざしている。

| 2004 | スマトラ沖大地震・インド洋津波被害の際に，4か国が団結して結成し，国際社会の支援を主導したことで始まる |
|---|---|
| 2019 | 初めての外相会合が開催 |
| 2023 | 首脳会議が広島サミットに合わせて開催。成果文書としては，日米豪印首脳ビジョン・ステートメントと<u>日米豪印首脳共同声明</u>(5月)<br>●日米豪印首脳会合共同声明<br>❶包摂的かつ強靱な<u>自由で開かれたインド太平洋</u>への強固なコミットメントを改めて確認<br>❷<u>ASEANの中心性と一体性</u>への揺るぎない支持を再確認。<u>AOIP</u>の実施を支援することにコミット<br>❸<u>PIF</u>(太平洋諸島フォーラム)の「<u>2050年戦略</u>」を尊重しつつ，太平洋島嶼国と連携していくことをコミット。<br>❹インド洋地域における協力強化を確認。「インド太平洋に関するIORA(環インド洋連合)アウトルック」への支持を表明<br>❺日米豪印は「善を推進する力(force for good)」となるべく協働 |
| 2024 | インドが対面での首脳会合を主催予定 |

**ここだけ** ③ ASEAN＋3

> AOIP
> 「インド太平洋に関するASEANアウトルック」のことだよ。ASEANのアジア太平洋・インド洋地域への関与の指針で日本は全面的に支持しているよ。

ASEANの10か国＋<u>日中韓3か国</u>の枠組み。＋3は日中韓なのでアメリカは入っていない。1997年の<u>アジア通貨危機</u>の後，東アジア諸国の間で地域協力を強化する機運が高まる中で生まれた。

2023年9月，ASEAN議長国インドネシアの首都ジャカルタで第26回ASEAN＋3(日中韓)首脳会議が開催された。岸田首相は，インド太平洋地域が成長の中心であり続けるためには，<u>法の支配に基づく自由で開かれた国際秩序を維持・強化することが不可欠</u>である旨を強調し，日本は，ASEANの中心性・一体性および「インド太平洋に関するASEANアウトルック(AOIP)」の主流化を一貫して支持すると述べた。

## ④ APEC

21の国と地域
「開かれた地域協力」を基本姿勢に掲げているね。

アジア太平洋経済協力のことで，アジア太平洋にある**21の国と地域**が参加据える世界最大規模の経済フォーラム。APECは，「貿易・投資の自由化」「貿易・投資の円滑化」「経済・技術協力」を主な活動としている。**オーストラリアのホーク首相**の提唱で，1989年に発足した。

2023年11月，アメリカのサンフランシスコでAPEC首脳会議が開かれた。しかし，**ハマスとイスラエルの対立の問題やロシアのウクライナ侵攻については首脳宣言で言及しなかった**。全会一致での合意がいらない議長声明で触れるにとどまった。

| 首脳宣言 | ● 世界貿易機関（WTO）改革推進への支持を表明<br>● 自由で開かれた貿易・投資環境を推進する<br>● 気候変動問題に一致して対処する |
|---|---|
| 議長声明 | ● **ウクライナ侵攻を最も強い言葉で非難する**<br>● ガザの危機では意見交換をし，各首脳が立場を共有する<br>● 一部の首脳がAPECは地政学問題を議論する場ではないと反対した |

## ⑤ AU

アフリカ連合のこと。現在，アフリカ55か国・地域によって構成されている。2023年9月に開催された**G20サミット**で，AUを常任メンバーとすることが合意により決まった。

### ●AUの歴史

| 1963 | OAU（アフリカ統一機構）が発足 |
|---|---|
| 2002 | OAUはAU（アフリカ連合）に発展改組 |
| 2017 | モロッコのAU加盟が決定<br>→モロッコはOAUの創始メンバー国であったが，1985年にOAUを脱退していた |

| 2023 | 「G20ニューデリー首脳宣言」では，**AUの常任メンバー入りが合意**され，アフリカの工業化に対する支援，AUが目標として掲げる「**アジェンダ2063**」への支援も表明。 |
|---|---|

## 1問1答

| | 問題 | | 解答 |
|---|---|---|---|
| **1** | 2023年4月，スウェーデンとともにNATO（北大西洋条約機構）に加盟申請をしていたフィンランドが正式にNATOに加盟した。続く11月にはスウェーデンの加盟が実現した。 | × | スウェーデンの加盟はいまだ実現していない（2024年1月現在）。残る未承認国はハンガリーのみ。 |
| **2** | クアッド（QUAD）は，日米豪印4か国による連携の枠組みである。2023年5月には首脳会議が広島サミットに合わせて開かれたが，成果文書が出されなかった。 | × | 成果文書としては，日米豪印首脳ビジョン・ステートメントと日米豪印首脳共同声明が出された。 |
| **3** | ASEAN＋3は，ASEAN10＋日米韓3か国の枠組みであるが，2023年は首脳会議が開かれない異例の年となった。 | × | ＋日中韓である。また，2023年9月にインドネシアの首都ジャカルタで第26回ASEAN＋3（日中韓）首脳会議が開催された。 |
| **4** | 2023年11月，アメリカのサンフランシスコでAPEC首脳会議が開かれ，首脳宣言でハマスとイスラエルの対立の問題やロシアのウクライナ侵攻について言及した。 | × | 首脳宣言では言及しなかった。議長声明で触れたにすぎない。 |
| **5** | 2023年9月にインド・ニューデリーで開催されたG20サミットでは，AU（アフリカ連合）を常任メンバーとして迎えることに合意した。 | ○ | そのとおり。今後，人口増加を背景に国際社会での発言力が拡大すると見込まれる。 |

# 16 新法・法改正

## 超約 ここだけ押さえよう！

近年成立し，公布・施行された新法・法改正は出題の目玉。背景的なものを含めてしっかりと押さえておこう。

## ここだけ ① 改正民法

近年，毎年のように民法が改正されている。

| 懲戒権<br>（2022年12月施行） | ●親権者による懲戒権の規定を削除<br>●親権者は，子の人格を尊重するとともに，子の年齢および発達の程度に配慮しなければならず，かつ，体罰等の，子の心身の健全な発達に有害な影響を及ぼす言動をしてはならないものとする |
|---|---|
| 嫡出推定規定の見直し<br>（2024年4月施行） | ●再婚した場合に限り，離婚から300日以内に生まれた子でも現在の夫の子とする例外規定を設けた<br>●これに伴い，女性の再婚禁止期間を廃止<br>●嫡出否認権を父だけでなく，子どもや母にも拡大。提訴期間も1年から原則3年に改めた |

再婚した場合に限り，離婚から300日以内に生まれた子でも現在の夫の子とする例外規定
以前は，離婚の日から300日以内に生まれた子は前の夫の子と推定されていたんだけど，そうすると，前の夫の子と推定されると困ると考える母親が出生届を出さないことで，子が無戸籍になるケースがあったんだ。そこで，改正民法では，この推定規定を見直したよ。

| 相隣関係の見直し (2023年4月施行) | ●隣地使用権の範囲 ❶境界またはその付近の障壁，建物その他の工作物の築造，収去または修繕，❷境界標の調査または境界に関する測量，❸枝の切取りのため必要な範囲内で，隣地を使用することができる ●ライフライン設備の設置 土地の所有者は，他の土地に設備を設置し，または他人が所有する設備を使用しなければ電気，ガスまたは水道水の供給その他これらに類する継続的給付を受けることができないときは，必要な範囲内で，他の土地に設備を設置し，または他人が所有する設備を使用することができる ●竹木の枝の切除 所有者は，隣地の竹木の枝が境界線を越えるときは，その竹木の所有者に，その枝を切除させることができるが，催告しても相当の期間内に切除しないときは，自らその枝を切り取ることができる |
|---|---|

共有関係の見直しの部分：

**共有関係の見直し (2023年4月施行)**

●共有物の変更・管理・保存概念を整理

| 変更（軽微以外） | | 共有者全員の同意が必要 |
|---|---|---|
| 管理（広義） | 変更（軽微） | 持分の価格の過半数の同意が必要 |
| | 管理（狭義） | |
| 保存 | | 共有者単独でOK |

※変更が「軽微以外」と「軽微」に分けられた点がポイント

●共有物の管理者制度が創設
共有物の管理者の選任・解任は，共有物の管理の規定に従い，共有者の持分の価格の過半数で決定される

●所有者不明土地管理命令・所有者不明建物管理命令の創設

●管理不全土地管理命令・管理不全建物管理命令の創設

## ② 改正刑法
ここだけ

2022年には刑罰のうち「懲役」と「禁錮」が廃止され，「拘禁刑」が創立された（2025年6月施行）。また，侮辱罪が厳罰化された（2022年7月施行）。続く2023年6月には性犯罪に関する規定が改正された（2023年7月施行）。

●改正ポイント

❶「強制性交罪」と「準強制性交罪」を統合して罪名を「**不同意性交罪**」とした
　→同意がない性行為は犯罪になりうる

❷「不同意性交罪」の時効は**10年から15年に延長**

❸性交同意年齢の引上げ
　→「13歳以上」から「**16歳以上**」に引上げ

❹性的目的で子どもを手なずけ（グルーミング）コントロールする罪を新設

❺**撮影罪の新設**
　→わいせつ画像を撮影したり第三者提供をしたりする行為を禁ずる

## ③ 改正国家公務員法
ここだけ

2023年4月，改正国家公務員法が施行され，国家公務員の定年について，<u>60歳から段階的に引き上げて65歳とする</u>こととなった。また，**役職定年制**も導入された。これは管理監督職に上限年齢を設けるというものである。

## ④ LGBT理解増進法
ここだけ

2023年6月，性的少数者への理解促進をめざす<u>LGBT理解増進法</u>が成立した。国や自治体，企業，学校に対して役割を与え，性的指向やジェンダーアイデンティティの多様性に関する理解の増進を図る法律である。ただ，理念法のため<u>罰則規定はない</u>。

LGBT理解増進法
自治体レベルでは，すでに家族関係を公的に認めて証明書を発行するパートナーシップ制度が広がっている。2023年6月28日時点で，328自治体で導入されていて，人口カバー率は70.9%だよ。

| 基本方針 | 性的指向やジェンダーアイデンティティを理由とする不当な差別はあってはならない |
|---|---|
| ポイント | ● 国は，基本計画の策定や施策の実施状況を毎年公表<br>● 国は，すべての国民が安心して生活できるよう留意し，運用に必要な指針を策定する<br>● 「性自認」という表現は「ジェンダーアイデンティティ」に変わった<br>● 「家庭や地域，その他の関係者の協力」が必要との文言を明記 |

### ⑤ GX脱炭素電源法

ここだけ

　GX（グリーントランスフォーメーション）脱炭素電源法は，原子炉等規制法（炉規法）や電気事業法（電事法），原子力基本法など**5本を一括して改正**するもので，2023年5月に成立した。これまで原子力発電所の運転期間は最長60年に制限されていたが，事実上これを超えて運転できるようになった。

## どうしてこうなった？

### 背景

　2011年の東京電力福島第一原発の事故の翌年である2012年に，原子炉等規制法が改正され，原子力発電所の運転期間は原則40年，1回に限り最長で20年延長できるとの規定を設けた。しかし，政府は2050年までに温室効果ガスの排出量を実質ゼロにする「カーボンニュートラル」の実現のため，原発の力を借りる必要が出てきた。

### 改正ポイント

● 原則40年の枠組みは維持。しかし，原子力規制委員会の審査や裁判所の命令，行政指導などで停止した期間を運転期間から除外することができるとした。これにより，たとえば停止期間が10年間なら，運転開始から70年まで稼働させることができる

- 運転開始から**30年を起点**とし，**10年を超えない期間**ごとに老朽化の具合を原子力規制委員会が審査する規定を設けた。この審査を通らなければ，経済産業大臣は運転延長を認可できない仕組みとした
- 原子力基本法の改正では，原発の活用に必要な措置をとることを「**国の責務**」と位置づけた

##  ⑥ フリーランス新法

2023年4月，フリーランス・事業者間取引適正化等法が可決・成立した。正式名称は，「特定受託事業者に係る取引の適正化等に関する法律」。この法律で守られる対象であるフリーランスは，「**特定受託事業者**」といい，業務委託の相手方である事業者であって**従業員を使用しないもの**をいう。

### ●ポイント

| | |
|---|---|
| **契約条件の書面提示** | 特定受託事業者の給付の内容，報酬の額等を**書面または電磁的方法により明示**しなければならない |
| **報酬の支払期日** | 特定受託事業者の給付を受領した日から**60日以内**の報酬支払期日を設定し，支払わなければならない |
| **禁止事項** | 特定受託事業者との業務委託に関し，理由のない受領拒否，報酬減額，返品など，禁止事項を列挙 |
| **罰則** | 特定業務委託事業者等が命令等に反すると，50万円以下の罰金が科される |

##  ⑦ 改正マイナンバー法

2023年6月，改正マイナンバー法が成立した。

### ●改正ポイント

> **マイナンバー**
> 住民票を持つ日本国内の全住民に付番される12ケタの番号だよ。2021年9月に内閣に設置されたデジタル庁が分担管理しているよ。

| | |
|---|---|
| **マイナンバーの利用範囲の拡大** | 社会保障制度，税制および災害対策以外の行政事務においてもマイナンバーの利用の推進を図る<br>→国家資格等，自動車登録，在留資格に係る許可等に関する事務において利用可能へ |

| マイナンバーカードと健康保険証の一体化 | 健康保険証を廃止する(マイナ保険証への一体化)。マイナンバーによりオンライン資格確認を受けることができない状況にある人へは、本人からの求めに応じて「資格確認書」を提供 |
|---|---|
| 公金受取口座の登録促進(行政機関等経由登録の特例制度の創設) | 既存の給付受給者等(年金受給者を想定)に対して書留郵便等により一定事項を通知したうえで同意を得た場合、または一定期間内に回答がなく、同意したものとして取り扱われる場合<br>→内閣総理大臣は当該口座を公金受取口座として登録可能に |

## 1問1答

| | 問題 | 解答 | |
|---|---|---|---|
| 1 | 2022年12月の改正民法では、再婚した場合であると否とを問わず、離婚から300日以内に生まれた子でも現在の夫の子とする例外規定を設けた。これに伴い、女性の再婚禁止期間を廃止した。 | × | 例外規定の適用は、再婚した場合に限られる。 |
| 2 | 2023年6月の改正刑法では、性犯罪規定を見直し、「強制性交罪」と「準強制性交罪」を統合して罪名を「不同意性交罪」とした。 | ○ | そのとおり。 |
| 3 | 2023年6月に成立したLGBT理解増進法では、性的指向やジェンダーアイデンティティを理由とする不当な差別を禁止し、これに違反した者は罰せられる。 | × | 理念法なので罰則はない。 |
| 4 | 2023年5月、GX脱炭素電源法が成立し、原子力発電所の運転期間について、原則40年の枠組みは維持しつつ、停止期間を運転期間から除外できることになり、事実上60年を超える原子力発電所の運転も可能となった。 | ○ | そのとおり。 |
| 5 | 改正マイナンバー法では、社会保障制度、税制および災害対策の行政事務に利用が限定された。 | × | 社会保障制度、税制および災害対策以外の行政事務においてもマイナンバーの利用の推進を図るとされた。 |

# 17 日本の安全保障政策

ランク **B**

　近年，日本を取り巻く安全保障環境は大きく変化してきている。2022年12月に閣議決定された安全保障関連3文書は特に重要。

## ① 日本の安全保障の歴史

| | |
|---|---|
| 1951 | ● 旧日米安全保障条約→サンフランシスコ講和条約と同日に締結。駐留米軍を認めたが，米軍の日本防衛義務なし |
| 1960 | ● 新日米安全保障条約→❶共同防衛義務を明文化，❷事前協議制の導入(一度も開催されたことはない) |
| 1978 | ● 日米ガイドライン→福田赳夫内閣のもとで策定 |
| 1997 | ● 日米ガイドライン改定→周辺事態での協力がメイン |
| 2013 | ● 特定秘密保護法制定→防衛，外交，スパイ防止，テロ防止の4分野で，安全保障にとって秘匿性の高い情報を特定秘密に指定し，流出を防止する。最高刑は懲役10年。指定期間は原則最大30年(内閣の承認で延長可) |
| 2014 | ● 従来の「武器輸出三原則」(1967年の佐藤栄作内閣時)に代わる新しい「防衛装備移転三原則」を閣議決定(4月)<br>❶移転を禁止する場合を明確化<br>❷移転を認め得る場合の限定ならびに厳格審査および情報公開<br>❸目的外使用および第三国移転に係る適正管理の確保<br>● 集団的自衛権行使を容認する閣議決定(7月) |

移転を禁止する場合
❶国際約束に違反する国，❷安保理の決議に違反する国，❸紛争当事国，の3つだよ。

| 2015 | ●日米ガイドライン改定→日米協力の範囲につき地理的な制約が撤廃された(4月) |
|------|------|
| | ●平和安全法制関連2法が成立(9月)→10の法律改正と1の新法 |

**❶事態対処法**(改正)→**存立危機事態**に**集団的自衛権行使**が可能

平和安全法制関連2法 2023年12月に仙台高裁で合憲判決が出たよ。集団的自衛権の行使が限定的だからというのが理由だよ。

**❷重要影響事態安全確保法**(改正)→**重要影響事態**に後方支援が可能(米軍以外の外国軍隊等に対する支援活動も可能に)

**❸国際平和協力法**(改正)→**駆け付け警護**を認めた

**❹国際平和支援法**(新法)→**国際平和共同対処事態**に諸外国の軍隊に対する協力支援活動が可能

●防衛省の外局として**防衛装備庁**が発足(10月)

| 2022 | ●安全保障関連3文書を政府が閣議決定(12月) |
|------|------|

**❶国家安全保障戦略**→敵のミサイル発射基地などを攻撃する「**反撃能力**」を保有することを明記→これを「必要最小限度の自衛の措置」としたが、「**専守防衛**」の考え方に変わりはない。防衛費は、2027年度にGDPの2%に達する予算措置を講じる

**❷国家防衛戦略**→「**スタンド・オフ防衛能力**」と「**統合防空ミサイル防衛能力**」を強化

**❸防衛力整備計画**→2023〜2027年度の**5年間**における本計画の実施に必要な防衛力整備の水準に係る金額は**43兆円**程度

| 2023 | ●日米防衛相会談→「反撃能力」にも活用する予定の巡航ミサイル「**トマホーク**」を、アメリカから1年前倒しして2025年度から取得することで一致(10月) |
|------|------|

## ここだけ ② 国家安全保障会議

2013年，外交・安全保障の諸課題を決定する会議である**国家安全保障会議(NSC)**が内閣に設置された。国家安全保障会議には 3つの会合がある。

国家安全保障会議(NSC)安全保障会議を前身としているよ。また、内閣官房に事務局として国家安全保障局(NSS)が新設されたよ。

## ●3つの会合

| 4大臣会合 | 内閣総理大臣，官房長官，外務大臣，防衛大臣で構成，「外交・防衛政策の司令塔」として日ごろから定例的に開催 |
|---|---|
| 9大臣会合 | 上記4大臣会合の4人に副総理大臣，総務大臣，財務大臣，経産大臣，国交大臣，国家公安委員会委員長を加えたメンバーで開催。国防に関する重要事項について審議 |
| 緊急事態大臣会合 | 想定外の重大かつ緊急に対処しなければならない事態が発生した時に開かれる。2020年1月に，新型コロナ対応で初めて開かれた |

ここだけ

# ③ 核軍縮

| 1963年発効 | 部分的核実験禁止条約(PTBT) | 地下を除いて核実験を禁止 |
|---|---|---|
| 1970年発効 | 核兵器不拡散条約(NPT) | 核保有国を認める(米・英・仏・ソ・中)。インド，パキスタン，イスラエルは未加盟。核保有国が軍縮義務を負う。原子力の平和利用を目的とする。非核保有国は国際原子力機関(IAEA)の査察を受ける(日本の原子炉も査察を受け入れている) |
| 1988年発効 | INF全廃条約(中距離核戦力全廃条約) | 米ソ間で締結。2019年，トランプ前米大統領が破棄の方針を表明し，同年8月に失効 |
| 1996年採択 | 包括的核実験禁止条約(CTBT) | 地下を含めたあらゆる場所における核実験を禁止。アメリカ，中国が批准していないので未発効<br>→2023年11月，ロシアが批准を撤回する法律に署名，発効させた |
| 2011年発効 | 新戦略兵器削減条約(新START) | 米ソ間で締結。2021年に5年間延長が決定。2023年3月，ロシアが条約の履行停止を定めた法律に署名。同年11月に履行停止を表明 |

| 2015年 合意 | イラン核合意 | **イランと米英独仏口中(6か国)が合意**→イランは高濃縮ウランを製造しないと約束。しかし，米国(トランプ前大統領)が合意から離脱→**バイデン大統領が再建を進めるが難航** |
|---|---|---|

> バイデン大統領が再建を進めるが難航 2023年6月には，オマーンを仲介に協議したよ。

| 2021年 発効 | 核兵器禁止条約 | 核兵器の開発・保有・使用などを法的に禁止。**核保有国や日本，NATO諸国は不参加**→2023年11月，2回目の締約国会議が国連本部で開かれた。核保有国5大国は不参加。日本はオブザーバーとしても参加しなかった。最終日には政治宣言を採択 ●**政治宣言のポイント** ❶人類の存亡にかかわる核兵器の脅威に対処し，**禁止，廃絶に取り組む** ❷**核抑止論の正当性を否定**。核抑止論が核軍縮の進展を阻害 ❸非核保有国の領土への核配備を憂慮 |
|---|---|---|

## 1問1答

| | 問題 | | 解答 |
|---|---|---|---|
| 1 | 2022年12月，政府は安全保障関連3文書を閣議決定し，国家安全保障戦略で敵のミサイル発射基地などを攻撃する「反撃能力」を保有することを明記した。 | ○ | そのとおり。 |
| 2 | 緊急事態大臣会合は，いまだかつて開催されたことがない。 | × | 2020年1月に，新型コロナウイルス感染症対応で初めて開かれた。 |
| 3 | 新戦略兵器削減条約(新START)は，2021年に5年間延長が決定されたが，2023年3月，ロシアが条約の履行停止を定めた法律に署名，同年11月には履行停止を表明した。 | ○ | そのとおり。 |

# 18 最高裁判所の判例

ランク Ⓐ

**超約 ここだけ押さえよう！**

　2023年も多くの最高裁判所の判断が示された。特に違憲判断は重要なので，理由を含めてしっかりと確認しておこう。

## ここだけ ① 参議院選挙合憲判決

　2023年10月，2022年7月に実施された参議院選挙の一票の格差をめぐり，最高裁判所大法廷で判決が出た。具体的には，**最大格差3.03倍を合憲と判断**した（統一判断）。

❶高等裁判所の判決（全16件）では，違憲が1件，違憲状態が8件，合憲が7件と判断が割れていた

❷15人の裁判官のうち，**11人が多数意見を形成**。2人が「違憲状態」と判断，1人は「違憲・無効」と判断した

❸2016年，2019年の選挙に続き**3回連続の合憲判決**

❹格差是正に向けた**具体的な検討が進展しているとはいえない**が，**合区の導入**などで**最大格差は3倍程度で推移し，拡大傾向にあるといえない**

❺国会では都道府県より広域の選挙区を設けるなどの議論がされているが，国民の理解を得て成案に達するには**一定の時間が必要である**

❻国会に対して，選挙の仕組みの抜本的な見直しも含めて具体的に検討し，国民の理解も得られるような立法措置を求めた

❼宇賀克也裁判官は，**反対意見**を出し，不均衡は許容される範囲を超えているため違憲，選挙も無効にせざるをえないとしながら，是正のための合理的期間を認め，**無効の効果は2年後に発生させるべきと述べた**

> **合区の導入**
> 鳥取と島根，徳島と高知の2か所が合区となっていて，2つの県から1名しか当選しない。2016年の参議院選挙から導入されているよ。

●参議院選挙の一票の格差の変遷

| 選挙年 | 最大格差 | 判断 |
|---|---|---|
| 2013年 | 4.77倍 | 違憲状態 |
| 2016年→合区の導入 | 3.08倍 | 合憲 |
| 2019年 | 3.00倍 | 合憲 |
| **2022年**(今回) | **3.03倍** | **合憲** |

※2022年の選挙は，区割り変更を含めた具体的な措置がとられないまま行われた。その結果，最大格差が2019年の前回選挙から0.03ポイント拡大した。

ここだけ
② 性同一性障害特例法違憲決定

生殖腺がないか
生殖機能を永続的に欠く
状態にあること
2019年に最高裁判所小法廷
で争われ，その時は合憲と
判断していたよ。

　2023年10月，最高裁判所大法廷は，事実上，生殖機能をなくす手術を性別変更の要件とする性同一性障害特例法の規定が憲法に違反するのではないか争われた審判において，当該規定は**違憲・無効**であるとの判断を下した。**15人の裁判官全員一致の意見**で，**戦後12例目の違憲判断**となった。

　2004年に施行された特例法は，性別変更を求めるうえで5つの要件を課していた。このうち，「<u>生殖腺がないか生殖機能を永続的に欠く状態にあること</u>」という要件の違憲性が争いになっていた。

●性別変更要件５つ
❶18歳以上であること
❷婚姻していないこと　→2020年3月に最高裁で合憲と判断された
❸未成年の子どもがいないこと　→2021年11月に最高裁で合憲と判断された
❹生殖腺がないか生殖機能を永続的に欠く状態にあること →今回はここが違憲
❺性別変更後の性別の性器に近い外観を備えること → 今回はここを判断せず
　大法廷は，生殖機能をなくす手術は**強度な身体的侵襲**となり，当該制約は過剰になっているため，現時点で必要かつ合理的とはいえないとして，**憲法**

13条に違反するとした。なお、「性別変更後の性別の性器に近い外観を備えること」という規定については、判断しなかった。

●戦後の法令違憲判断

| 1973 | 尊属殺人重罰規定(刑法) |
|---|---|
| 1975 | 薬局距離制限規定(薬事法) |
| 1976 | 最大格差4.99倍の議員定数配分規定(公職選挙法) |
| 1985 | 最大格差4.40倍の議員定数配分規定(公職選挙法) |
| 1987 | 共有林分割制限規定(森林法) |
| 2002 | 郵便法賠償責任制限規定(郵便法) |
| 2005 | 在外邦人選挙権制限規定(公職選挙法) |
| 2008 | 婚外子の国籍取得制限規定(国籍法) |
| 2013 | 婚外子の相続分差別規定(民法) |
| 2015 | 女性の再婚禁止規定(民法) |
| 2022 | 在外邦人国民審査投票権制限規定(国民審査法) |
| <u>2023</u> | **性別変更生殖不能要件規定(性同一性障害特例法)** |

※ほかにも、同性婚を認めない民法の規定は、2015年、2021年に2度争われ、ともに「合憲」の判断がなされた。また、2023年7月、最高裁は、性同一性障害の経済産業省の職員に対して、庁舎内の女性用トイレを利用することを制限した国の対応を「違法」と判断した。

ここだけ
③ 臨時国会召集拒否事件

2023年9月、2017年当時の安倍晋三内閣が憲法53条による<u>臨時国会の召集要求</u>に応じなかったのは憲法違反だとして、野党議員らが国家賠償を求め

> 臨時国会の召集要求
> 衆参両院のいずれかの総議員の4分の1以上の要求があったときは、内閣は臨時国会を召集しなければならないとされているよ(憲法53条)。

た訴訟で，最高裁判所は，**内閣は要求があれば召集決定の義務を負う**としつつ，**個々の国会議員に召集後の議員活動をできるようにする権利・利益を保障したものではない**として，議員個人の損害賠償請求権を否定した（原告側の上告を棄却）。違憲かどうかは判断しなかった点がポイント。

## ここだけ ④ 映画助成金不交付事件

2023年11月，映画に出演していた俳優が麻薬取締法違反で逮捕されたことで，独立行政法人日本芸術文化振興会が公益性を理由に助成金交付を一方的に取り消した（不交付決定）点につき違法と判断した。最高裁判所は，芸術的な観点から助成がふさわしい活動に対し，公益性を理由に助成金を交付しない事態が広まれば，抽象的な概念で，助成対象の選別基準が不明確とならざるをえず，表現内容を委縮させるおそれがあるため，表現の自由を保障した憲法21条の趣旨に照らしても看過しがたいと指摘した。そのうえで，不交付決定が許されるのは「**重要な公益が害される具体的な危険がある場合に限られる**」と判示し，今回は薬物乱用の防止という公益が害される具体的な危険があるとはいえないとして，**不交付決定を理事長の裁量権の逸脱，濫用に当たり違法と判断した。**

## ここだけ ⑤ 国民年金減額訴訟

2023年12月，2012年の国民年金法改正による年金減額が生存権，財産権を侵害するのではないかが争われていた事件で，最高裁判所は，**年金減額決定処分を合憲とし，受給者側の上告を棄却した。**

| | 問題 | | 解答 |
|---|---|---|---|
| **1** | 2023年10月，最高裁判所大法廷は，2022年7月に実施された参議院選挙の最大格差3.03倍を合憲と判断した。 | ○ | そのとおり。 |
| **2** | 2022年7月の参議院選挙における一票の格差をめぐる最高裁判決では，15人の裁判官全員一致で多数意見を形成した。 | ✕ | 15人の裁判官のうち，11人が多数意見を形成。2人が「違憲状態」と判断，1人は「違憲・無効」と判断した。 |
| **3** | 2022年7月の参議院選挙における一票の格差をめぐる最高裁判決では，格差是正に向けた具体的な検討が進展していることを積極的に評価し，合憲と判断した。 | ✕ | 格差是正に向けた具体的な検討が進展しているとはいえないが，合区の導入などで最大格差は3倍程度で推移し，拡大傾向にあるとはいえないことを理由に合憲と判断した。 |
| **4** | 2022年7月の参議院選挙における一票の格差をめぐる最高裁判決は，5回連続の合憲判断となった。 | ✕ | 「3回連続」の誤り。 |
| **5** | 2023年10月，最高裁判所は，「生殖腺がないか生殖機能を永続的に欠く状態にあること」を要件とする性同一性障害特例法の規定について，憲法13条に違反するため違憲と判断した。 | ○ | そのとおり。 |
| **6** | 2023年10月，最高裁判所は，「性別変更後の性別の性器に近い外観を備えること」を要件とする性同一性障害特例法の規定について，憲法13条に違反するため違憲と判断した。 | ✕ | この要件については判断しなかった。 |
| **7** | 2023年9月，最高裁判所は，当時の安倍晋三内閣が野党の臨時国会の召集要求に約3か月応じなかったのは憲法違反と判断した。 | ✕ | 憲法判断はしなかった。 |

# 4章　社会科学（経済）分野の時事

# 19 新NISA・iDeCo

ランク

**超約** ここだけ押さえよう！

　今，家計において求められる資産形成。特に新NISAは変更前後を比較して，違いを押さえよう。

## ① 家計の金融資産残高

　家計の金融資産残高は，2023年6月末時点で **2,115兆円** となっている。「現金・預金」「債務証券」「投資信託」「株式等」「保険・年金・定型保証」「その他」に区分されるが，日本の場合は **現金・預金が約53％** を占めている。岸田首相は「貯蓄から投資へ」のための「**資産所得倍増プラン**」を打ち出し，現預金を投資につなげることで，「成長と資産所得の好循環」を実現しようとしている。資産所得倍増に向けて，**7本柱**の取組みを一体として推進することになっている。

> 7本柱
> 家計金融資産を貯蓄から投資にシフトさせるNISAの抜本的拡充や恒久化（第一の柱），加入可能年齢の引上げなどiDeCo制度の改革（第二の柱）などだよ。

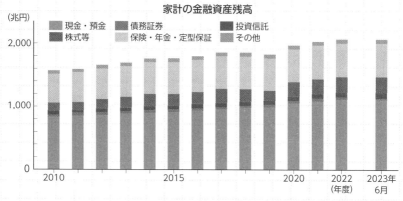

**家計の金融資産残高**

（兆円）
現金・預金　債務証券　投資信託
株式等　保険・年金・定型保証　その他

日本銀行調査統計局HPより

| | 2021年 12月末 | 2022年 6月末 | 2022年 12月末 | 2023年 6月末 | 2023年6月末 残高（兆円） （構成比〈%〉） |
|---|---|---|---|---|---|
| 残高（兆円） | 2,037 | 2,023 | 2,037 | 2,115 | |
| 前年比（%） 金融資産計 | 5.5 | 1.8 | 0.0 | 4.6 | 2,115（100.0） |
| 現金・預金 | 3.4 | 2.8 | 2.1 | 1.4 | 1,117（52.8） |
| 債務証券 | ▲3.0 | ▲5.8 | ▲1.1 | 9.1 | 28（1.3） |
| 投資信託 | 19.4 | 0.1 | ▲5.3 | 15.9 | 100（4.7） |
| 株式等 | 25.5 | 2.0 | ▲7.1 | 26.0 | 268（12.7） |
| 保険・年金・定型保証 | 0.8 | 0.3 | ▲0.6 | 0.3 | 538（25.4） |
| うち保険 | 0.8 | 0.9 | ▲0.2 | 0.3 | 382（18.1） |
| その他 | 9.6 | 4.8 | 3.6 | 6.8 | 64（3.0） |

日本銀行調査統計局 HP より

ここだけ
## ② 新NISA

　少額投資非課税制度のことをNISA（ニーサ）というが，このNISAが2024年以降，抜本的拡充・恒久化される。

| 従来のNISA | 新NISA |
|---|---|
| ●「つみたてNISA」と「一般NISA」の2つ | ●「つみたて投資枠」と「成長投資枠」の2つに |
| ●つみたてNISA20年，一般NISA5年と期限付き | ●非課税保有期間の**無期限化** |
| ●2023年までと制限 | ●口座開設期間の**恒久化** |
| ●つみたてNISAと一般NISAの併用不可<br>●年間投資枠はつみたてNISAが40万円，一般NISAが120万円 | ●つみたて投資枠と成長投資枠の**併用が可能**<br>●年間投資枠の拡大（つみたて投資枠：**年間120万円**，成長投資枠：**年間240万円**，合計**最大年間360万円**まで投資が可能） |
| ●非課税保有限度額はつみたてNISAが800万円，一般NISAが600万円 | ●非課税保有限度額は**全体で1,800万円**（成長投資枠は1,200万円。また，**枠の再利用が可能**） |

|  | つみたて投資枠 | 併用可 | 成長投資枠 |
|---|---|---|---|
| 年間投資枠 | 120万円 | | 240万円 |
| 非課税保有期間 | 無期限化 | | 無期限化 |
| 非課税保有限度額<br>（総枠） | 1,800万円<br>※薄価残高方式で管理（枠の再利用が可能） | | |
| | | | 1,200万円 |
| 口座開設期間 | 恒久化 | | 恒久化 |
| 投資対象商品 | 長期の積立・分散投資に適した<br>一定の投資信託 | | 上場株式・投資信託等<br>（条件あり） |
| 対象年齢 | 18歳以上 | | 18歳以上 |
| 現行制度との関係 | 2023年末までに現行の一般NISAおよびつみたてNISA制度において投資した商品は，新しい制度の外枠で，現行制度における非課税措置を適用（※現行制度から新しい制度へのロールオーバー〈移管〉は不可） | | |

金融庁 HP より

## ③ iDeCo
ここだけ

　iDeCoは自分で申し込んで掛金を拠出し，運用方法を選んで掛金を運用する。そして，この掛金とその運用益との合計額を給付として受け取れる仕組みになっている。iDeCoでは，掛金・運用益・給付を受け取るときに税制上の優遇措置を受けることができる点で，資産形成に向いている。実施機関は国民年金基金連合会。2022年5月からiDeCoの加入年齢が60歳未満から65歳未満に引き上げられた。

▶個人型確定拠出年金（iDeCo）…公的年金とは別に受け取れる私的年金の制度で，加入は任意

　●加入資格・掛金・受取方法のポイント
- 基本的に20歳以上65歳未満のすべての人が加入できる
  2022年5月から新たに以下の人がiDeCoに加入できるようになった
  ❶会社員・公務員など（国民年金第2号被保険者）で60歳以上65歳未満の人
  ❷ 国民年金に任意加入している60歳以上65歳未満の人
  ❸ 国民年金に任意加入している海外居住の人

※公的年金の加入期間が120月に満たない等，国民年金第2号被保険者であれば65歳以上も加入可能

- **60歳になるまで，原則として資産を引き出すことはできない**。また，iDeCoの老齢給付金を受給した場合は掛金を拠出することはできなくなる。
- **掛金は月々5,000円から1,000円単位で自由に設定できる**（加入区分に応じて，拠出できる掛金の上限が異なる）
- **iDeCoの年金資産は，老齢給付金として原則60歳から受け取ることができる**（受給を開始する時期は，**75歳**になるまでの間で選ぶことが可能）

なお，2022年10月から，企業型年金規約の定めによりiDeCoに加入できなかった企業型DC加入者も加入できるようになった。

## 1問1答

| | 問題 | | 解答 |
|---|---|---|---|
| **1** | 2023年6月現在，家計の金融資産残高は，2000兆円を超えている。日本の場合は「株式等」が半数以上を占めている。 | × | 「現金・預金」が約53％を占めている。 |
| **2** | 新NISAは，「つみたて投資枠」と「成長投資枠」の２つあり，ともに非課税保有期間は無期限となっている。 | ○ | そのとおり。 |
| **3** | 新NISAは年間投資枠が拡大され，つみたて投資枠は年間240万円，成長投資枠は年間120万円，合計最大年間360万円まで投資が可能となっている。 | × | 記述が逆になっている。正しくは，つみたて投資枠が年間120万円，成長投資枠が年間240万円である。 |
| **4** | 新NISAでは，非課税保有限度額は全体で1,800万円とされており，枠の再利用はできない。 | × | 枠の再利用は可能。 |
| **5** | iDeCoは，基本的に20歳以上60歳未満のすべての人が加入できる。 | × | 「65歳未満」の誤り。 |
| **6** | iDeCoの年金資産は，老齢給付金として原則65歳から受け取ることができる。 | × | 「60歳から」の誤り。 |

# 20 税制

ランク
A

2023年10月から懸案のインボイス制度が始まった。背景や概要など，重要事項は確認しておこう！

## ① インボイス制度

### （1）インボイスとは

▶インボイス（適格請求書）…「売手が，買手に対し正確な適用税率や消費税額等を伝えるための手段」のことで，**消費税額等が記載された請求書や領収書その他これらに類するもの**

消費税の計算は，**売上げの消費税額（売上げ税額）－仕入れや経費の消費税額（仕入れ税額）** で行う。この仕入れ税額を差し引く制度を「**仕入れ税額控除**」というが，今後はインボイスを発行している事業所と取引をした場合でないと，この仕入れ税額控除が認められないことになる（特例あり）。

> 消費税額等が記載された請求書や領収書その他これらに類するもの請求書や納品書，領収書，レシート等，その書類の名称は問わないよ。2019年に始まった軽減税率で消費税が8％と10％の複数税率となった関係で，どちらの税率を適用したか正確に税額を計算できるように採用されたよ。同じような制度は欧州など世界各国で定着しているよ。

> 売上げの消費税額（売上げ税額）－仕入れや経費の消費税額（仕入れ税額）要するに，顧客から預かった消費税から自分の支払った消費税を引くことで計算する感じだよ。

●インボイス制度のイメージ

```
        11,000円の          22,000円の
        製品を販売          商品を販売
企業A  ──────────→  企業B  ──────────→  客
       仕入れ代10,000円    商品代20,000円
       消費税1,000円       消費税2,000円
```

Q.インボイス制度が始まると？
❶企業Aが免税事業者でインボイス不発行事業者の場合
　企業A→納税は免税のまま（1,000円は納税免除）
　企業B→仕入れ税額控除が不可（2,000円を納税）
❷企業Aが課税事業者でインボイス発行事業者の場合
　企業A→1,000円の納税が新しく発生
　企業B→仕入税額控除が可能（2,000円−1,000円＝1,000円を納税）

## （2）インボイスを発行できる者

　インボイスを発行することができる者は，税務署長から登録を受けた「**インボイス発行事業者**」（適格請求書発行事業者）**に限られる**。したがって，インボイスを交付するためには事前の登録が必要になる。

### ●インボイス発行事業者登録制度

- インボイス発行事業者となるためには，登録申請手続を行い，登録を受ける必要がある
- 課税事業者でなければ登録を受けることはできない。ただ，**免税事業者（基準期間中における課税売上高が1,000万円以下）もインボイス発行事業者の登録を受けることができる**→その場合は消費税を納めなければならなくなる

## （3）仕入れ税額控除の特例

- 課税事業者がインボイスを発行できない免税事業者と取引をしても，2026年9月までは，**8割分**の仕入れ税額控除が認められる
- 2029年9月まで，5割分の仕入れ税額控除が認められる
- 1万円未満の取引については2032年まで，事務負担軽減のためインボイスなしでも仕入れ税額控除ができる

## （4）課税事業者に転換した場合の特例

　免税事業者が課税事業者になると，消費税の全額納付をいきなり求められるわけではない。2026年9月までは売上税額の**2割**だけを納めれば足りる（**2割特例**）。また，インボイス対応に必要な会計ソフトなどのITツールを導入する際に中小企業庁の「**IT導入補助金**」の支給を受けられるようにもなった。

> IT導入補助金
> 中小企業などの販路拡大を支援する「持続化補助金」も50万円上乗せされるよ。

## ② 電子帳簿保存法

電子帳簿保存法は，1998年にできた法律で，国税に関する帳簿や書類などの電子保存を認める法律。2022年に改正電子帳簿保存法が施行された。

### どうしてこうなった？

#### 背景

近時のデジタル化の進展により，電子取引におけるデータ保存が必要になった。

#### 改正ポイント

| 電子取引における電子データ保存の義務化 | 電子取引に関するデータ保存が義務化された |
|---|---|
| 税務署長の事前承認制度が廃止 | 電子的に作成した国税関係帳簿を電磁的記録により保存する場合には，事前に税務署長の承認が必要だったが，この事前承認は不要となった |
| 電子帳簿の保存要件を緩和 | 最低限の要件を満たす電子帳簿についても，電磁的記録による保存等が可能となった。ただし，正規の簿記の原則（一般的には複式簿記）に従って記録されるものに限られる |

## ③ ふるさと納税

### （1）制度概要

自分の住んでいる自治体以外の自治体に寄付ができる制度。寄付金のうち

2,000円を超える部分については所得税の還付，住民税の控除を受けられる。自身で寄付金の使い道を指定でき，返礼品ももらえるので魅力的な仕組みだ。

住民税の控除
控除上限額は収入や家族構成によって異なるよ。

## （2）ふるさと納税の現状

　ふるさと納税の受入額および受入件数は**どんどん増加**してきている。2022年度の実績は，約9,654億円（対前年度比：約1.2倍），約5,184万件（同：約1.2倍）だった。しかし，一方では，都市部の住民が他の自治体に寄付した関係で税収が減っている自治体もある。

　なお，**能登半島地震をはじめとする災害の被災者支援**として，ふるさと納税が活用されている。ふるさと納税のポータルサイトが特設ページを設け，寄付を受け付けている。ポータルサイト側は，自治体から手数料を受け取らず，寄付された全額を自治体に届ける仕組みだ。そして，被災地支援の寄付なので返礼品はない。

## （3）運用ルールの厳格化

　2023年10月から，ふるさと納税の運用ルールが厳格化された。具体的には，寄付を募る際にかかる経費を寄付額の**5割以下とするルールが厳格化**された。

### ●経費の基準

❶ワンストップ特例制度の関連資料や受領証の発送費用などの事務費用も含まれる

❷仲介サイトへの手数料も含まれる

　また，返礼品の「**熟成肉**」や「**精米**」に関する基準も併せて厳格化され，返礼品とするなら，**原材料含め同じ都道府県内産に限る**としている。

# ④ 令和6年度税制改正大綱

　2023年12月，「令和6年度税制改正大綱」が閣議決定された。

| 定額減税・給付 | ❶所得税と住民税の定額減税を実施<br>　→**所得税は3万円，住民税は1万円の定額減税**<br>　※2024年6月から（年収2,000万円超の人を除く）<br>❷低所得者に対して給付措置を実施<br>　（1）住民税非課税世帯→2023年に給付している3万円<br>　　　に加えて7万円を給付<br>　（2）所得税は納めていないが住民税は納付している世<br>　　　帯→10万円を給付<br>　※これらの世帯のうち，子育て世帯→18歳以下の子ど<br>　　も1人当たり5万円を追加して給付 |
|---|---|
| 扶養控除と子育て支援 | 所得にかかわらず児童手当の対象を18歳までの高校生へと拡大（2024年度から） |
| 賃上げ税制による中小企業支援 | 賃上げ税制を3年間延長し，内容も見直し<br>※基準を超える賃上げを行った企業に対して，法人税の納税額から一定額を控除する制度 |
| 戦略物資・知財生産企業の優遇 | ❶戦略分野国内生産促進税制→戦略物資の国内生産を促すため，半導体などを生産する場合に，減税<br>❷イノベーションボックス税制→特許や著作権で得た所得の30％を課税対象の所得から控除 |
| たばこ税 | 加熱式たばこと紙巻きたばこの税負担差を解消（税率の引上げ）→防衛財源に活用する |
| 事業承継税制 | 事業計画の提出期限を延長 |
| 不動産取得税 | ローカル鉄道再編のため，第三セクターなどが土地や駅舎などを取得する場合には不動産取得税を免除 |
| 交際費 | 経費（損金）として扱える交際費の上限を拡大（物価上昇を踏まえて）。1回5,000円以下→1回1万円以下へ |

※防衛増税は見送られた。

## 1問1答

| | 問題 | 解答 |
|---|---|---|
| 1 | インボイスとは，所得税等が記載された請求書や領収書その他これらに類するものをいう。 | ✕ 所得税ではなく消費税である。 |
| 2 | 免税事業者（基準期間中における課税売上高が1,000万円以下）はインボイス発行事業者の登録を受けることができない。 | ✕ 免税事業者も登録を受けることができる。ただ，その場合は消費税納付義務が課される。 |
| 3 | インボイス制度の開始によって，インボイスを発行している事業所と取引をした場合でないと，この仕入れ税額控除が一切認められないことになる。 | ✕ 2026年9月まで（3年間）は，8割分の仕入れ税額控除が認められる。 |
| 4 | 2022年に改正電子帳簿保存法が施行されたが，電子取引に関するデータ保存の義務化は，中小企業について見送られることになった。 | ✕ 中小企業も義務化された。 |
| 5 | ふるさと納税制度においては，寄付金のうち2,000円を超える部分については住民税の控除を受けられるが，所得税の還付は受けられない。 | ✕ 所得税の還付も受けられる。 |
| 6 | ふるさと納税の受入額および受入件数は，運用ルールの厳格化の影響で減少してきている。 | ✕ 増加してきている。 |
| 7 | 2023年10月から，ふるさと納税の運用ルールが変更され，「熟成肉」や「精米」を返礼品とする場合は，原材料について，同一都道府県内産でなくてもよくなった。 | ✕ 同一都道府県内産の原材料を使用したものに限るとされた。 |

# 21 金融政策

ランク
Ⓐ

## 超約 ここだけ押さえよう！

　日本の金融政策は，2023年4月から植田総裁に代わったこともあり，注目度が高まっている。年表で動向を確認しよう。

### ① 金融政策決定会合
ここだけ

　日本銀行には，最高意思決定機関として**政策委員会**が置かれている。この政策委員会の会合のうち，金融政策の運営に関する事項を審議・決定する会合を**金融政策決定会合**という。この場で，金融市場調節方針や**金融政策手段**などが話し合われる。年8回，各会合とも2日間開催され，決定内容が公表される。

金融政策手段
売りオペ(好況期)，買いオペ(不況期)の対象となる手形や債券の種類，条件，担保の種類等などを検討するよ。

### ② 日本銀行の金融政策
ここだけ

| 2013 | 1月 | 「物価安定の目標」を消費者物価の**前年比上昇率2％**と定め，これをできるだけ早期に実現すると約束 |
|---|---|---|
| 2016 | 1月 | 「マイナス金利付き量的・質的金融緩和」でマイナス金利政策を決定→民間金融機関が保有する日銀当座預金の**一部にマイナス金利(−0.1％)**を導入 |
| | 9月 | 「長短金利操作付き量的・質的金融緩和」を実施するとし，**❶イールドカーブ・コントロール**→金融市場調節によって**長短金利**の操作を行う。長期金利も操作対象にしている点で異例の政策<br>▶イールドカーブ…縦軸に債券の利回り，横軸に償還までの残存期間をとった曲線。「利回り曲線」のこと。 |

| | | |
|---|---|---|
| | | ❷**オーバーシュート型コミットメント**→消費者物価上昇率の実績値が安定的に2%を超えるまで，マネタリーベースの拡大方針を継続する<br>長期金利を0％程度にすることを目標とする |
| 2018 | 7月 | 政策金利の**フォワードガイダンス**を導入→強力な金融緩和を粘り強く続けていく<br>長期金利の変動幅を上下0.20％程度に拡大<br><br>フォワードガイダンス<br>日銀が前もって将来の金融政策の方針を示すことだよ。 |
| 2020 | 3月 | 新型コロナ対応策を策定→長期国債の買入れ額の**上限を撤廃**（2020年4月），ETF（上場投資信託）とJ-REIT（不動産投資信託）の買入れ**上限を倍増** |
| 2021 | 3月 | ●貸出促進付利制度の創設<br>●**連続指値オペ制度**の導入<br>●長期金利の変動幅を上下0.25％程度に拡大<br><br>連続指値オペ制度<br>金利の大幅な上昇を抑える方法としては，特定の年限の国債を固定金利で無制限に買い入れる指値オペ(公開市場操作)があるんだ。この買いの指値オペを連続して行うのがこれ。 |
| 2022 | 4月 | 10年物国債金利について0.25％の利回りでの指値オペを，明らかに応札が見込まれない場合を除き，毎営業日，実施する |
| | 12月 | 長期金利の変動幅を，上下0.25％程度から**上下0.5％程度に拡大**<br>10年物国債金利について0.5％の利回りでの指値オペを，明らかに応札が見込まれない場合を除き，毎営業日，実施する |
| 2023 | 4月 | 植田和男総裁が就任 |
| | 7月 | 短期金利｜日本銀行当座預金のうち政策金利残高に**0.1％のマイナス金利**を適用 |
| | | 長期金利｜10年物国債金利がゼロ％程度で推移するよう，上限を設けず必要な金額の長期国債の買入れを行う<br>**長期金利の変動幅を上下0.5％程度を目途**とし，長短金利操作について，より柔軟に運用する。 |

4章 社会科学－経済－

21 金融政策

| | | | |
|---|---|---|---|
| | | | 10年物国債金利について 1.0%の利回りでの指値オペを，明らかに応札が見込まれない場合を除き，毎営業日，実施する→長期金利の**変動幅の上限を事実上，1%まで容認**したのと同じ |
| | **10月** | 短期金利 | 日本銀行当座預金のうち政策金利残高に**0.1%のマイナス金利**を適用 |
| | | 長期金利 | 10年物国債金利がゼロ％程度で推移するよう，上限を設けず必要な金額の長期国債の買入れを行う**長期金利の変動幅を上下0.5%程度を目途とするとの文言を削除****長期金利の上限は1.0%を目途**とし，金融市場調節方針と整合的なイールドカーブの形成を促すため，大規模な国債買入れを継続する→長期金利の**変動幅の上限1%を超える金利上昇を事実上容認** |
| | **12月** | 短期金利 | 日本銀行当座預金のうち政策金利残高に**0.1%のマイナス金利**を適用 |
| | | 長期金利 | 10年物国債金利がゼロ％程度で推移するよう，上限を設けず必要な金額の長期国債の買入れを行う**長期金利の上限は 1.0%を目途**とし，上記の金融市場調節方針と整合的なイールドカーブの形成を促すため，大規模な国債買入れを継続する |

ここだけ

## ③ アメリカの金融政策

　アメリカの中央銀行は，<u>米国連邦準備理事会（FRB）</u>。年8回開催される<u>連邦公開市場委員会（FOMC）</u>によって政策金利が決定されて，発表される。

| 2022 | 3月 | ゼロ金利を解除→以降，<u>利上げ</u>を継続的に行う |
|---|---|---|
| 2023 | 7月 | 0.25%の利上げが全会一致で決められ，政策金利（誘導目標）は5.25〜5.50%となる |

| 9月 | |
|---|---|
| 11月 | 政策金利を5.25〜5.50%と3会合連続で据え置くことが決定 |
| 12月 | |

## 1問1答

| 問題 | | | 解答 |
|---|---|---|---|
| 1 | 2016年1月，日本銀行は，民間金融機関が保有する日本銀行当座預金の全部にマイナス金利（−0.1％）を導入した。 | ✕ | 全部ではなく，一部に導入した。 |
| 2 | 消費者物価上昇率の実績値が安定的に2％を超えるまで，マネタリーベースの拡大方針を継続すると公約することを，「イールドカーブ・コントロール」という。 | ✕ | 「オーバーシュート型コミットメント」の誤り。 |
| 3 | イールドカーブ・コントロールとは，長期金利と短期金利の誘導目標を操作し，適切な水準に維持することである。長短金利操作とも呼ばれる。 | ◯ | そのとおり。 |
| 4 | 2023年7月，日本銀行は，長期金利の変動幅の上限0.5％を「目途」と位置づけ，指値オペの利回りを0.5％から1.0％に引き上げることを決定した。 | ◯ | そのとおり。 |
| 5 | 2023年12月，日本銀行は，短期金利について，日本銀行当座預金のうち政策金利残高に0.1％のマイナス金利を適用していたマイナス金利を解除した。 | ✕ | マイナス金利は解除しなかった。 |
| 6 | アメリカの連邦公開市場委員会（FOMC）は，2023年に入ってからは政策金利を引き上げることなく，据え置いた。 | ✕ | 利上げを継続した。2023年7月にも0.25％の利上げが全会一致で決められた。 |

# 22 世界経済・地域経済統合

ランク **B**

コロナ後の世界経済の動向を把握し，日本のそれと比較してみよう。また，貿易をはじめ，国際的な枠組みの最新状況を把握しよう。

## ① 主要先進国のGDP

コロナ禍で一気に落ち込んだ。しかし，2023年前半の主要先進国の景気を見ると，欧州では足踏み状態だが，**アメリカは自律的に回復**している。総じて見れば底堅さを維持しているといえる。

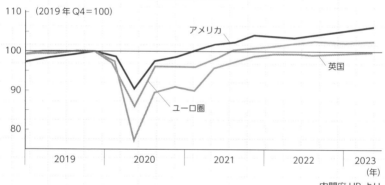

主要先進国のGDP

内閣府HPより

## ② 日本のEPA/FTAの締結状況

| 2021 | 1月 イギリスがEUから離脱することを受けて締結された日英EPAが発効 |
|------|------------------------------------------------------------|
| 2022 | 1月 地域的な包括的経済連携 (RCEP) 協定が発効 |

これまで**24か国・地域と21の経済連携協定（EPA/FTA）等が発効済み・署名済み**で（2023年7月），これらの国・地域が日本の貿易総額に占める割合は**77.7%**となっている。

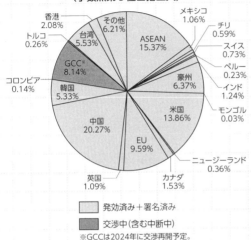

日本の貿易総額に占める国・地域の貿易額の割合
（小数点第3位四捨五入）

香港 2.08%
トルコ 0.26%
台湾 5.53%
その他 6.21%
メキシコ 1.06%
チリ 0.59%
スイス 0.73%
ペルー 0.23%
インド 1.24%
モンゴル 0.03%
ニュージーランド 0.36%
カナダ 1.53%
英国 1.09%
EU 9.59%
中国 20.27%
韓国 5.33%
コロンビア 0.14%
GCC※ 8.14%
ASEAN 15.37%
豪州 6.37%
米国 13.86%

発効済み＋署名済み

交渉中（含む中断中）
※GCCは2024年に交渉再開予定。

その他
外務省HPより

24か国・地域と21の経済連携協定（EPA/FTA）等が発効済み・署名済み　インドネシア，フィリピン，ベトナムとの間でEPA（経済連携協定）に基づく看護師・介護福祉士候補者の受入れがなされているよ。

## ここだけ ③ RCEP（地域的な包括的経済連携協定）

ASEAN10か国と日本，**中国**，**韓国**，オーストラリア，ニュージーランドの計15か国が合意した自由貿易を推進する枠組み（EPA）。**中国と韓国を含んでいる点が最大のポイント**。

交渉段階の2019年に署名を拒み続けてきたインドが離脱した。これを受け，ついに2019年に協定が合意に達し，2022年1月から発効している。世界の国内総生産（GDP）の約3割，人口の約3割を占める世界最大級の経済圏が誕生した。合意内容としては，**日本は重要5項目（米，麦，牛肉・豚肉，乳製品，甘味資源作物）について関税の削減・撤廃の適用外**となっている。

# ④ TPP（環太平洋パートナーシップ）

| 2005 | 原加盟国であるブルネイ，ブルネイ，チリ，ニュージーランドの4か国が環太平洋戦略的経済連携協定に署名　→2006年発効<br>→その後，アメリカ，オーストラリア，ベトナム，ペルー，マレーシア，メキシコ，カナダ，日本が参加交渉に加わる |
|---|---|
| 2017 | アメリカが交渉から離脱<br>→アメリカ以外の11か国の間で大筋合意に至る |
| 2018 | 3月　「環太平洋パートナーシップに関する包括的及び先進的な協定（CPTPP）」が署名<br>12月　発効 |
| 2023 | 7月　TPP加盟11か国がニュージーランド・オークランドで開いた閣僚会合で，イギリスの加入を正式に承認（協定発効以降，初の新規参加国） |

# ⑤ IPEF

　新経済圏構想「インド太平洋経済枠組み」のこと。オーストラリア，ブルネイ，フィジー，インド，インドネシア，日本，マレーシア，ニュージーランド，フィリピン，韓国，シンガポール，タイ，アメリカおよびベトナムの合計14か国が参加している。

　IPEFは，「貿易」「サプライチェーン（供給網）」「クリーン経済」「公正な経済」の4分野があり，気候変動対策の数値目標や，汚職防止などで高い水準のルールを設けている。

　2023年11月の閣僚会議では，「公正な経済」など主要な3分野で大筋合意した。しかし「貿易」では，デジタル貿易などをめぐって溝が埋まらず，妥結が先送りされた。声明には，さらなる協力策や新規参加国の可能性を協議するために「IPEF評議会」を新設すると明記されている。

貿易
この中に，市場アクセス・関税は含んでいないよ。

| 分野 | 内容 | 進捗 |
|---|---|---|
| 貿易 | デジタル貿易についての合意 | 先送り |
| サプライチェーン（供給網） | 重要物資の供給網強化協定 | 妥結（2023年5月に妥結→11月に協定署名） |
| クリーン経済 | 基金を通じて環境インフラや新技術に対して投資をする | 妥結 |
| 公正な経済 | 脱税や汚職防止の取組みを強化 | 妥結 |

## 1問1答

| | 問題 | | 解答 |
|---|---|---|---|
| 1 | 主要先進国のGDPを見ると，2023年前半は，アメリカで足踏み状態が続いたが，欧州は自律的に回復している。 | ✕ | 欧州で足踏み状態が続き，アメリカが自律的に回復している。 |
| 2 | RCEP（地域的な包括的経済連携協定）は，ASEAN10か国と日本，中国，韓国，オーストラリア，ニュージーランド，インドの計16か国が合意した自由貿易を推進する枠組み（EPA）であり，2022年1月に発効した。 | ✕ | インドは含まれておらず，計15か国が合意した枠組み。 |
| 3 | 「環太平洋パートナーシップに関する包括的及び先進的な協定（CPTPP）」に加盟している11か国は2023年7月，イギリスの加入を正式に承認した。 | ◯ | そのとおり。協定発効以降，初の新規参加国となった。 |
| 4 | IPEFは，新経済圏構想「インド太平洋経済枠組み」のことであり，2023年11月の閣僚会議では，貿易を含めた4分野すべて大筋合意した。 | ✕ | 「貿易」では，デジタル貿易などをめぐって溝が埋まらず，妥結が先送りされた。 |

# 23 日本経済の動向

ランク

B

## 超約 ここだけ押さえよう！

日本経済は，資源高や円安の影響で，物価上昇がもたらされた。細かいデータよりも，大きな方向性を押さえよう。

### ① GDP

GDPは内閣府が四半期ごとに公表し，**実際の価格で計算した名目値と物価変動の影響を除いた実質値**があるが，実質値がより重視される。なお，前年や前四半期と比べた増減率をGDP成長率という。日本の2022年度の年次GDP成長率・実績は以下のようになっている。

| 2022年度 | 実質 | 名目 |
|---|---|---|
| 年次GDP成長率 | 前年度比＋1.5% | 前年度比＋2.3% |
| 年次GDP実額 | 551.8兆円 | 566.5兆円 |

2022年度の実質GDP成長率について需要項目別の寄与度を見ると，個人消費や設備投資の回復により**小幅なプラス成長**となっている。2023年に入ってからは，速報値で1〜3月，4〜6月はプラスで推移したが，**7〜9月は名目・実質ともにマイナス**となった。落込み原因は内需の両輪である**個人消費と設備投資の低迷**にある。

▶国内総生産（GDP）…国内で一定期間内に生み出されたモノやサービスの付加価値の合計

### ② 物価と為替

消費者物価は2022年に入ってから徐々に上がり始め，2022年度の平均

を見ると，生鮮食品を除く総合指数（コア指数）は**前年度比で3.0％の上昇**となっている。2023年度に入ってからもおおむね前年比3％前半の上昇幅で推移している（なお，2023年12月は前年比2.3％上昇で伸び率は縮小傾向）。

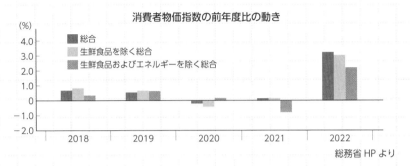

消費者物価指数の前年度比の動き

総務省 HP より

　一方，2023年の為替レートは，日米の金利差から円が売られ，ドルが買われることで，円安が進行した。2023年当初は1ドル＝131円程度だったが，2024年1月現在は1ドル＝140円台後半となっている。

### ここだけ ③ 企業と貿易の動向

| 企業収益<br>（2022年度） | 2022年度の企業収益は高水準だが，年度後半は製造業を中心にコスト増が下押し<br>製造業→売上高は増勢に鈍化が見られ，営業利益，経常利益ともに年度後半にかけて減少傾向<br>非製造業→売上高が増加を続ける中，経常利益，営業利益ともに特に年度後半にかけて増加 |
|---|---|
| 倒産件数 | 2023年6月の倒産件数は720件と，2020年春の新型コロナ感染拡大直後の500件程度から増加してきている。2023年は8,690件（東京商工リサーチ 最新データ） |
| 設備投資 | 設備投資は堅調な企業収益を背景に増加しているが，実質面では物価上昇が下押し |
| 経常収支 | 貿易収支が赤字で推移するも，所得収支黒字のもと，黒字基調で推移 |

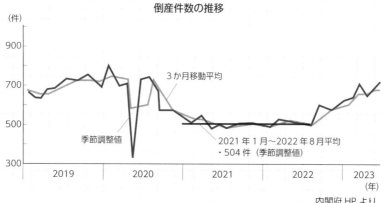

倒産件数の推移

(件)

3か月移動平均

季節調整値

2021年1月〜2022年8月平均
・504件（季節調整値）

内閣府 HP より

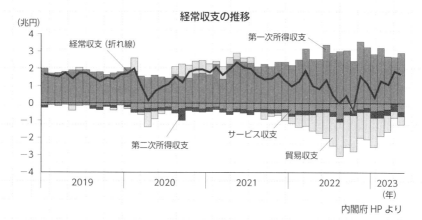

経常収支の推移

(兆円)

経常収支（折れ線）

第一次所得収支

第二次所得収支

サービス収支

貿易収支

内閣府 HP より

## ④ デフレ完全脱却のための総合経済対策

ここだけ

　2023年11月，政府は所得税減税や低所得者向けの給付，ガソリン補助の延長を柱とした総合経済対策を閣議決定した。

### ●5つの柱

**❶物価高から国民生活を守る**

**❷地方・中堅・中小企業を含めた持続的賃上げ**，所得向上と地方の成長を実現する

❸成長力の強化・高度化に資する<u>国内投資を促進</u>する

❹人口減少を乗り越え，変化を力にする社会変革を起動・推進する

❺国土強靭化，防災・減災など国民の安全・安心を確保する

本経済対策の規模は，2023年度補正予算の一般会計追加額と定額減税による「還元策」とその関連経費を合わせた17兆円台前半程度と見込まれている。❶については，特に大切だ。

| 物価高から国民を守る | ● 所得税・個人住民税の**定額減税**（納税者および配偶者含む扶養家族1人につき2024年分の**所得税3万円**，2024年度分の**個人住民税1万円**の減税） |
|---|---|
| | ● **低所得世帯への支援**（重点支援地方交付金の**低所得世帯支援枠に1世帯当たり7万円**を追加し，**住民税非課税世帯1世帯当たり合計10万円**を目安に支援） |
| | ● 燃料油の激変緩和措置を**2024年4月末**まで講ずる。また，電気・ガスの激変緩和措置を**2024年4月末まで**講じ，同年5月は激変緩和の幅を縮小する |

## 1問1答

| 問題 | | 解答 |
|---|---|---|
| **1** | 2022年度のわが国のGDP成長率は，実質で前年度比2.0％増，名目で前年度比1.4％増となった。 | ✕ 実質で前年度比1.5％増，名目で前年度比2.3％増。 |
| **2** | 2023年6月の企業の倒産件数は，500件と2020年春の新型コロナ感染拡大直後の720件程度から減少してきている。 | ✕ 2023年6月→720件，2020年春の感染拡大直後→500件であり，増加している。 |
| **3** | 2023年11月，政府は所得税減税や低所得者向けの給付，ガソリン補助の延長を柱とした総合経済対策を閣議決定した。しかし，所得税・個人住民税の定額減税の導入は見送られた。 | ✕ 所得税・個人住民税の定額減税の導入も盛り込まれている。 |

# 24 予算

**超約 ここだけ押さえよう！**

　財政分野の重要テーマである令和5年度一般会計予算。令和4年度の予算と比べて約7兆円増の114.4兆円規模にまで膨れ上がっている点を押さえよう。

## ① 令和5年度一般会計予算

### （1）歳出のポイント

- **最大項目は社会保障関係費。**前年度（約36.3兆円）から＋6,200億円の約36.9兆円で，全体の**32.3%**を占める

- 国債費は約25.3兆円で，全体の**22.1%**を占める

- 地方交付税交付金等は約16.4兆円で，全体の**14.3%**を占める

- 社会保障関係費と国債費と地方交付税交付金等を合わせると，**全体の約7割**を占める

- **防衛関係費が過去最高の約6.8兆円規模**

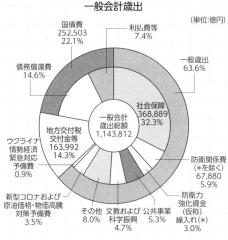

一般会計歳出

（単位:億円）

国債費 252,503 22.1%

利払費等 7.4%

一般歳出 63.6%

債務償還費 14.6%

社会保障 368,889 32.3%

一般会計歳出総額 1,143,812

地方交付税交付金等 163,992 14.3%

ウクライナ情勢経済緊急対応予備費 0.9%

防衛関係費（*を除く）67,880 5.9%

防衛力強化資金（仮称）繰入れ（*）3.0%

新型コロナおよび原油価格・物価高騰対策予備費 3.5%

その他 8.0%

文教および科学振興 4.7%

公共事業 5.3%

財務省 HP より

## （2）歳入のポイント

- 最大項目は，租税および印紙収入で**全体の6割超**
- 租税および印紙収入の内訳は，**消費税，所得税，法人税の順**に多い
- 公債依存度が**31.1%**。内訳では特例公債が多い

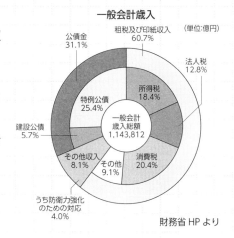

一般会計歳入

（単位:億円）

- 公債金 31.1%
- 租税及び印紙収入 60.7%
- 法人税 12.8%
- 所得税 18.4%
- 特例公債 25.4%
- 一般会計歳入総額 1,143,812
- 建設公債 5.7%
- その他収入 8.1%
- その他 9.1%
- 消費税 20.4%
- うち防衛力強化のための対応 4.0%

財務省 HP より

## ② 国債

### （1）種類

| 建設国債 | インフラの原資として発行する国債。財政法4条の根拠あり（建設国債の原則）。1966年度以降毎年発行 |
|---|---|
| **特例国債（赤字国債）** | 短期的な財源不足を補うために，毎年特例法を作って発行する国債。1965年度に一度発行し，1975年度から継続的に発行（1990〜1993年度は発行していない） |

> 特例国債（赤字国債）
> 日本の場合は建設国債が少なく，特例国債が多いんだよ。

### （2）市中消化の原則

原則として，国債は**日銀以外の金融機関が買い取る。**

→ただし，一定期間経過後の国債を日銀が市場から買うことは許される（市中消化の原則の例外）。これを「買いオペ」という。

### （3）問題点

| クラウディング・アウト | 国債発行を増大させると，政府が市場のお金を吸い上げてしまうため，市場に出回るお金が少なくなり，**市場金利が上昇**し，民間投資が抑制される |
|---|---|

4章 社会科学ー経済ー

24 予算

| インフレーション | 日銀が国債を買うと**インフレが進む**。物価が上がり，**貨幣価値が低下する**。**預貯金は実質的に減少**する |
|---|---|
| 財政の硬直化 | 国債の償還費や利払い費も増大するので，政府は自由に**財源が使えなくなる** |
| 将来世代への負担転嫁 | 現在世代が負担に比べて大きな便益を受けるとともに，その**負担を将来世代に先送り**する |

負担を将来世代に先送り
建設国債は将来世代も便益を享受できるけど，特例国債は将来世代に負担だけを残すよ。

## 1問1答

| | 問題 | | 解答 |
|---|---|---|---|
| 1 | 2023年度の一般会計歳出の最大項目は国債費であり，約36.9兆円で，全体の32.3％を占める。 | ✕ | 社会保障関係費の誤り。 |
| 2 | 2023年度の一般会計歳出の最大項目のうち，防衛関係費は過去最高の約6.8兆円規模に達している。 | 〇 | そのとおり。 |
| 3 | 2023年度の一般会計歳入の最大項目は，租税および印紙収入で6割を超えている。内訳は，所得税，消費税，法人税の順に多い。 | ✕ | 消費税，所得税，法人税の順に多い。 |
| 4 | 2023年度の一般会計歳入において，公債依存度は31.1％となっており，内訳では建設公債が多い。 | ✕ | 内訳では特例公債が多い。 |
| 5 | 国債発行を増大させると，政府が市場のお金を吸い上げてしまうため，市場に出回るお金が少なくなり，市場金利が上昇し，民間投資が抑制される。これを「財政の硬直化」という。 | ✕ | 「クラウディング・アウト」という。 |

# 5章　社会科学（社会）分野の時事

# 25 外国人との共生

ランク
A

## 超約 ここだけ押さえよう！

　現在，日本人の総数は減少傾向だが，在留外国人の総数は増加傾向にある。共生社会への第一歩として，受入れ態勢の強化が求められる。

## ここだけ ① 在留外国人の動向

　2022年末の在留外国人数は**307万5,213人**，同じく外国人労働者数も**182万2,725人**と，ともに過去最高を記録している。

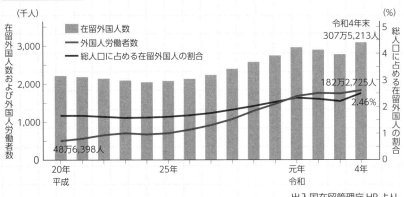

出入国在留管理庁 HP より

　在留外国人数を国籍・地域別に見ると，**中国**が一番多く，ベトナム，韓国，フィリピン，ブラジルと続いている。

　そんな中，2023年6月，閣議決定により，

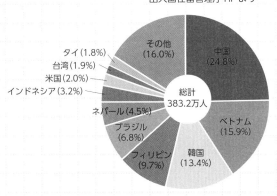

出入国在留管理庁 HP より

特定技能の在留資格に係る制度の運用に関する方針（分野別運用方針）の変更が行われ，**特定技能2号の対象分野が追加**された。

▶特定技能…深刻化する人手不足への対応として，一定の専門性・技能を有し即戦力となる外国人を受け入れるために作った在留資格。「特定技能1号」と「特定技能2号」がある

|  | 特定技能1号 | 特定技能2号 |
|---|---|---|
| 定義 | 相当程度の知識または経験を必要とする技能を要する業務に従事する外国人向けの在留資格 | 熟練した技能を要する業務に従事する外国人向けの在留資格 |
| 期間 | 1年を超えない範囲内で法務大臣が個々の外国人について指定する期間ごとの更新（通算で上限5年まで） | 3年，1年または6か月ごとの更新 |
| 技能水準 | 試験等で確認（技能実習2号を修了した外国人は試験等免除） | 試験等で確認 |
| 日本語能力 | 生活や業務に必要な日本語能力を試験等で確認（技能実習2号を修了した外国人は試験免除） | 試験等での確認は不要 |
| 家族の帯同 | 基本的に認めない | 可能（配偶者，子） |
| 特定産業分野 | 建設分野，造船・舶用工業，ビルクリーニング，素形材・産業機械・電気電子情報関連製造業，自動車整備，航空，宿泊，農業，漁業，飲食料品製造業，外食業，介護 | 建設分野，造船・舶用工業，ビルクリーニング，素形材・産業機械・電気電子情報関連製造業，自動車整備，航空，宿泊，農業，漁業，飲食料品製造業，外食業<br>※方針変更前は建設分野と造船・舶用工業分野の溶接区分のみ |

<u>介護分野以外</u>のすべての特定産業分野におい
て，特定技能２号の受入れが可能となった。

介護分野以外
介護分野は，現行の在留資
格「介護」があることから，
特定技能２号の対象分野と
はならないんだ。

<small>ここだけ</small>
## ② 改正入管法

日本は難民条約を批准しているが，**難民認定自体はかなり少ない国**だ。条約で「難民」に該当するには，❶人種，❷宗教，❸国籍，❹特定の社会的集団の構成員であること，❺政治的意見のいずれかの理由により迫害を受けるおそれがあることが必要とされている。

2023年6月，外国人の収容のあり方を見直す出入国管理及び難民認定法の改正案が可決・成立した。従来，難民認定の申請期間中は，送還が認められていなかったが，今回の改正で，**3回目以降の申請者に対しては「相当な理由のある資料」の提出がなければ，本国へ送還**されることになった。

難民認定自体はかなり少ない国
2022年の難民認定申請者数は
3,772人で，そのうち難民と認
定した外国人は202人。過去最
高を記録したよ(認定率2.2％)。

### 改正ポイント

| | |
|---|---|
| 補完的保護対象者 | 紛争避難民など，難民条約上の難民ではないものの，難民に準じて保護すべき外国人を「補完的保護対象者」として認定・保護する手続を創設 |
| 難民認定手続中における送還停止効の例外 | 難民認定手続中は一律に送還が停止される規定に例外を設け，次の者については，難民認定手続中であっても退去させることが可能に<br>❶3回目以降の難民認定申請者，❷3年以上の実刑に処された者，❸テロリスト等<br>※ただし，❶については，「相当の理由がある資料」を提出すれば，送還は停止 |
| 「監理措置」制度の創設 | 親族や知人，支援者など，本人の監督等を承諾している者を「監理人」として選任し，そのもとで生活しながら収容せずに退去強制手続を進められる「監理措置」制度を創設<br>→個別事案ごとに，収容か監理措置かを柔軟に選択 |

## ③ 技能実習制度の改正

ここだけ

2023年11月，政府の有識者会議は今の**技能実習制度を廃止すること**を**最終報告書にまとめた**。技能実習制度は国際貢献と人材育成を目的として，外国人が最長で5年間働きながら技能を学ぶことができる制度だが，人権侵害が起きている点が問題視されている。そこで，今の制度を廃止し，外国人材の確保と育成に目的を変え，名称を「育成就労制度」にするとしている。

### 1問1答

| | 問題 | 解答 |
|---|---|---|
| 1 | 2022年末の在留外国人数は過去最高を記録したが，外国人労働者数は減少した。在留外国人数を国籍・地域別に見ると，中国が最も多い。 | × 外国人労働者数も増加し，過去最高を記録した。 |
| 2 | 2023年6月，閣議決定により，特定技能の在留資格に係る制度の運用に関する方針（分野別運用方針）の変更が行われ，特定技能1号の対象分野が追加された。 | × 特定技能2号の対象分野が追加された。 |
| 3 | 新しく特定技能2号の対象となった中には，介護分野は含まれていない。 | ○ そのとおり。介護分野は，現行の在留資格「介護」があるため。 |
| 4 | 2023年6月，出入国管理及び難民認定法が改正され，3回目以降の難民認定申請者に対しては「相当な理由のある資料」の提出があっても，本国へ送還されることになった。 | × 「相当な理由のある資料」の提出があれば，本国へ送還されない。 |
| 5 | 改正出入国管理及び難民認定法では，親族や知人，支援者など，本人の監督等を承諾している者を「監理人」として選任し，そのもとで生活しながら収容せずに退去強制手続を進められる「監理措置」制度が創設された。 | ○ そのとおり。 |

# 26 少子高齢化

**超約 ここだけ押さえよう！**

少子高齢化については，どの試験でも出題される可能性が高い。特に，こ
ども家庭庁は大きな話題となったので要注意。

## ①少子化の現状

### （1）主要データ

| | |
|---|---|
| **合計特殊出生率**<br>**（2022年）** | ● 1.26→過去最低<br>● 2005年の1.26を底に上昇傾向をたどり，2015年には1.44まで上昇したが再び低下 |
| **出生数（2022年）** | ● 77万759人→過去最少 |
| **保育所の待機児童数**<br>**（2023年4月）** | ● 2,680人→前年比264人の減少<br>※なお，学童保育の待機児童は，2023年5月1日時点の速報値で1万6,825人 |
| **育児休業取得率**<br>**（2022年度）** | ● 男性**17.13%**（前年比前3.16ポイント増）で過去最高，女性80.2%（前年比4.9ポイント減）<br>● **男性の育児休業取得率**は，**2025年までに50%にするという目標**あり |

男性の育児休業取得率
2022年10月に産後パパ育休（出生時育児休業）制度が創設されたよ。これは産後8週間以内に4週間(28日)を限度として2回に分けて取得できる休業で，1歳までの育児休業とは別に取れるよ。

## (2) こども家庭庁

2023年4月から**内閣府の外局**として，**こども家庭庁**ができた。こども政策担当大臣が置かれていて，各省庁に対する「勧告権」を持っている。ただし，幼稚園は今までどおり文部科学省が所管し続けるので注意が必要だ。児童虐待の防止やこどもの貧困対策なども含めた幅広い施策を担当する。

> こども家庭庁
> 長官官房，育成局，支援局によって構成されているよ。

## (3) こども基本法

こども家庭庁の発足と同時に施行された法律。日本国憲法と**児童の権利に関する条約**の精神にのっとり，すべてのこどもが，将来にわたって幸福な生活を送ることができる社会の実現をめざしている。同法は，こども施策の基本理念のほか，こども大綱の策定やこども等の意見の反映などについても定めている。こどもを「**心身の発達の過程にある者**」としていて，年齢で定義していない点がポイント。関連施策の策定や実施を国，自治体の責務としている。

> 児童の権利に関する条約
> こどもの基本的人権を国際的に保障するための条約。1989年に国連総会で採択され，1990年に発効。日本は1994年に批准したんだ。18歳未満の児童（こども）を権利を持つ主体と位置づけていて，生命，生存および発達に対する権利，こどもの最善の利益，こどもの意見の尊重，差別の禁止の4原則を定めているよ。

## ここだけ ② こども未来戦略方針

2023年6月，政府は「**こども未来戦略方針**」を決定し，今後3年かけて年間3兆円台半ばの予算を確保し「加速化プラン」として集中的に取組みを進めることにした。加速化プランのポイントは次のとおり。

| 若い世代の所得を増やす | ❶児童手当 |
|---|---|
| | ・所得制限撤廃 |
| | ・支給期間 3 年延長(高校卒業まで) |
| | ・第三子以降は 3 万円に倍増 |
| | ❷高等教育(大学等) |
| | ・授業料減免(高等教育の無償化)の拡大 |
| | ・子育て期の貸与型奨学金の返済負担の緩和 |
| | ・授業料後払い制度の抜本拡充 |
| | ❸出産 |
| | ・出産育児一時金を42万円から50万円に大幅に引上げ |
| | ・2026年度から,出産費用の保険適用などを進める |
| | ❹働く子育て世帯の収入増 |
| | ・106万円の壁を超えても手取り収入が逆転しない |
| | ・週20時間未満のパート→雇用保険の適用を拡大 |
| | ・自営業やフリーランス→育児中の国民年金保険料を免除 |
| | ❺住宅 |
| | ・子育て世帯が優先的に入居できる住宅→今後10年間で計30万戸 |
| | ・フラット35の金利をこどもの数に応じて優遇 |
| 社会全体の構造や意識を変える | ❶育休を取得しやすい職場に |
| | ・育休取得率目標を大幅に引上げ |
| | ・中小企業の負担には十分に配慮／助成措置を大幅に拡充 |
| | ❷育休制度の抜本的拡充 |
| | ・3 歳〜小学校就学前の「親と子のための選べる働き方制度」を創設 |
| | ・産後の一定期間に男女で育休を取得した場合の給付率を手取り10割に |
| すべてのこども・子育て世帯をライフステージに応じて切れ目なく支援 | 切れ目なくすべての子育て世帯を支援 |
| | ・妊娠・出産時から0〜2歳の支援を強化→伴走型支援：10万円 + 相談支援 |
| | ・「こども誰でも通園制度」を創設 |
| | ・保育所：量の拡大から質の向上へ |

こども家庭庁HPより

## ③ こども大綱

2023年12月，こども基本法に基づいて，こども政策を総合的に推進するため，政府全体のこども施策の基本的な方針等を定める「**こども大綱**」が閣議決定された。こども大綱がめざすのは**こどもまんなか社会**。

●**基本方針**

❶こども・若者は**権利の主体**であり，今とこれからの最善の利益を図ること

❷こども・若者や子育て当事者とともに進めていくこと

❸**ライフステージに応じて切れ目なく十分に支援する**こと

❹良好な成育環境を確保し，**貧困と格差の解消**を図ること

❺若い世代の**生活の基盤の安定**を確保し，若い世代の視点に立った**結婚・子育ての希望を実現する**こと

❻施策の総合性を確保すること

また，併せて「**こども未来戦略**」も閣議決定された。こちらでは，2023年6月の「こども未来戦略方針」における3つの基本理念のもと，

● ライフステージを通じた子育てに係る経済的支援の強化や若い世代の所得向上に向けた取組み

● すべてのこども・子育て世帯を対象とする支援の拡充

● 共働き・共育ての推進

● こども・子育てにやさしい社会づくりのための意識改革

の加速化プランを盛り込んだ。

## ④ 高齢化の主要データ

| 高齢化の現状<br>（2022年10月1日） | ● 高齢化率（65歳以上人口の割合）→**29.0%**<br>※75歳以上人口の割合→**15.5%**<br>● 都道府県では，**秋田県が最も高い**。東京都が最も低い |
| --- | --- |
| 平均寿命（2022年） | ● 平均寿命（男性81.05歳，女性87.09歳）→**ともに前年を下回る**<br>※健康寿命の延びは平均寿命の延びを上回っている |
| 死因（2022年） | 1位：**悪性新生物（がん）**，2位：心疾患，3位：老衰 |

| 高齢者の就業者数<br>（高齢就業者数）<br>（2022年） | ● 912万人で過去最多→2004年以降，19年連続で前年比増<br>● 就業者総数に占める高齢就業者の割合は，<u>13.6%と過去最高</u> |
|---|---|
| 高齢者の就業率<br>（2022年） | ● 高齢者の就業率（65歳以上人口に占める就業者の割合）→25.2%<br>● 年齢階級別に見ると，65～69歳は50.8%，70～74歳は33.5%，75歳以上は11.0%といずれも過去最高<br>● 日本の高齢者の就業率は，<u>主要国の中でも高い水準</u> |

ここだけ
## ⑤ 高年齢者等の雇用の安定等に関する法律（高年齢者雇用安定法）

　高年齢者が年齢にかかわりなく働き続けることができる「生涯現役社会の実現」をめざして，2021年4月から，70歳までを対象として，「定年制の廃止」「定年の引上げ」「継続雇用制度の導入」「業務委託契約の導入」「社会貢献事業に従事できる制度の導入」のいずれかの措置（高年齢者就業確保措置）を講じるように努めることとなった。努力義務となっている点がポイント。

ここだけ
## ⑥ 国民医療費

　国民医療費とは，当該年度内の医療機関等における<u>保険診療の対象となりうる傷病の治療に要した費用</u>を推計。
　2023年10月，厚生労働省は，2021年度の国民医療費を公表した。これによると，2021年度の国民医療費は前年比4.8%増の<u>45兆359億円</u>で，<u>過去最高を記録</u>。また，人口1人当たりの国民医療費は前年比5.3%増の<u>35万8,800円</u>で，<u>国民医療費の国内総生産（GDP）に対する比率は8.18%</u>となっている。

> 保険診療の対象となりうる傷病の治療に要した費用
> この費用は，実際に医療保険等によって支払われたもの（患者の一部負担分を含む），公費負担によって支払われたもの（患者の一部負担分を含む），全額自費によって支払われたものによって構成される。

## 1問1答

| | 問題 | | 解答 |
|---|---|---|---|
| 1 | 2022年の日本の合計特殊出生率は，1.26で過去最低となっているが，出生数は77万759人であり，前年比で微増した。 | × | 出生数も過去最少である。 |
| 2 | 2023年4月時点の保育所の待機児童数は，2,680人で前年比264人の減少となった。 | ○ | そのとおり。 |
| 3 | 2022年度の男性の育児休業取得率は，17.13％で過去最高を記録したが，2025年までに50％にするという目標には遠く及ばない。 | ○ | そのとおり。 |
| 4 | 2023年4月から内閣府の外局として，こども家庭庁が創設され，幼稚園をも含めて，こども家庭庁が所管することとなった。 | × | 幼稚園は文部科学省の所管のままである。 |
| 5 | こども家庭庁の発足と同時にこども基本法が施行された。同法では，こどもを「心身の発達の過程にある18歳未満の者」としていて，年齢で定義している。 | × | 年齢では定義していない。 |
| 6 | 2023年6月，政府は「こども未来戦略方針」を決定し，「加速化プラン」の中で，児童手当について所得制限撤廃，支給期間3年延長（高校卒業まで）を盛り込んだ。 | ○ | そのとおり。 |
| 7 | 2022年の平均寿命は，男性81.05歳，女性87.09歳となり，ともに過去最高を記録した。 | × | ともに前年を下回った。 |
| 8 | 2021年度の国民医療費は，前年度比4.8％減の45兆359億円であった。 | × | 前年度比4.8％「増」の誤り。 |

# 27 交通政策

ランク **A**

## 超約 ここだけ押さえよう！

　人材不足が懸念される「2024年問題」を控え，交通政策の転換が図られている。自動運転のレベル4やライドシェアは特に注意。

### ここだけ ① 2024年問題

▶2024年問題…2024年4月に働き方改革関連法が施行され，バスやトラック運転手に残業時間の上限が適用されることにより生じる問題

## ？ どうしてこうなった？

### 背景

　バスやトラック運転手の労働環境は，慢性的に長時間労働となっていた。

### 改正ポイント

- 2024年4月1日以降，バスやトラックなどの**自動車運転業務の年間時間外労働時間の上限**が**960時間に制限**されることになった。ただ，これにより逆に運送や物流が滞ってしまうのではないか，と懸念されている
- 国土交通省は，2023年度に人手不足対策としてバスの運転に必要な大型2種免許の取得や広告費の一部を補助

960時間に制限
罰則もついているよ。

## ここだけ ② 改正道路交通法

2023年4月，**レベル4相当の自動運転**が解禁された。この特定自動運行を行おうとする者は，**都道府県公安委員会の許可**を受けなければならない。

▶**特定自動運行**…自動運行装置を使用条件に従って使用して，操作者がいない状態で自動車を運行する

| レベル | 自動運転レベルの概要 | 運転操作※の主体 | 対応する車両の名称 |
|---|---|---|---|
| レベル4 | 特定の走行環境条件を満たす限定された領域において，自動運行装置が運転操作の全部を代替する状態 | 自動運行装置 | **自動運転車**（限定領域） |
| レベル5 | 自動運行装置が運転操作の全部を代替する状態 | 自動運行装置 | **完全自動運転車** |

※車両の操縦のために必要な，認知，予測，判断および操作の行為を行うこと

国土交通省HPより

### 改正 ポイント

- **すべての自転車利用者に乗車用ヘルメットの着用の努力義務**
- 自動配送サービスの実現のため，**遠隔操作型小型車**についてのルールが整備
  - →具体的には，通行場所は，歩行者と同じで，歩行者相当の交通ルールに従うことや歩行者に進路を譲らなければならないことなどが規定されている

遠隔操作型小型車
低速・小型の自動配送
ロボットのことだよ。

- 遠隔操作型小型車を通行させようとする場所を管轄する都道府県公安委員会へ**事前届出を義務化**

2023年7月には，いわゆる電動キックボードなどの**特定小型原動機付自転車の交通方法等に関する規定**が施行された。運転するのに運転免許は不要

だが，16歳未満の者が運転することは禁止されている。また，運転する際にはヘルメットを着用するよう努力義務が課されている。

### ここだけ ③ 地域交通の活性化

### （1）改正地域交通法

2023年4月，改正地域交通法が成立し，同年10月から施行されている。

## ? どうしてこうなった？

### 背景

赤字に苦しむ**地方鉄道**などの地域公共交通のあり方を見直す。

> 地方鉄道
> 2023年9月，全国新幹線鉄道整備法により，西九州新幹線（かもめ）が開業したよ。武雄温泉～長崎間をつなぐ路線なんだ。

### 改正ポイント

利便性・生産性・持続可能性の高い地域公共交通への「リ・デザイン」（再構築）を加速化するための改正。

| 地域の関係者の連携と協働の促進 | ● 目的規定に，自治体・公共交通事業者・地域の多様な主体等の「地域の関係者」の「連携と協働」を追加<br>● 国の努力義務として，「関係者相互間の連携と協働の促進」を追加 |
|---|---|
| ローカル鉄道の再構築に関する仕組みの創設・拡充 | ● 地方公共団体または鉄道事業者は，国土交通大臣に対し，ローカル鉄道のあり方を協議する「再構築協議会」の組織を要請することができるようになった<br>→協議会は国土交通大臣が設置できる |

| | |
|---|---|
| 鉄道・タクシーにおける協議運賃制度の創設 | ● <u>地域の関係者間の協議が整ったとき</u>は，<u>国土交通大臣への届出</u>により運賃設定が可能となった<br>→国の認可がなくても届出だけで運賃設定可(運賃設定の柔軟化) |
| 「エリアー括協定運行事業」の創設 | ● 地方公共団体と交通事業者が協定を締結し，エリア内の路線について，一括して複数年にわたって運行を行う事業<br>→国はエリアー括協定運行事業に対して支援 |

## (2) ライドシェア

2023年12月，政府は一般ドライバーが有償で顧客を送迎する「ライドシェア」について，2024年4月から❶<u>タクシー会社の運行管理のもと</u>，❷<u>車両不足が深刻な地域・時間帯に限って</u>解禁することになった。

## 1問1答

| | 問題 | | 解答 |
|---|---|---|---|
| 1 | 2024年4月1日以降，バスやトラックなどの自動車運転業務の年間時間外労働時間の上限が360時間に制限されることになる。 | × | 360時間ではなく，960時間の誤り。 |
| 2 | 2023年4月，改正道路交通法が施行され，いわゆるレベル4相当の自動運転(特定自動運転)が解禁された。特定自動運行を行おうとする者は，都道府県公安委員会への届出が必要である。 | × | 都道府県公安委員会の「許可」が必要である。 |
| 3 | 2024年7月，改正道路交通法が施行され，電動キックボードなどの特定小型原動機付自転車を運転する際には，原付免許が必要となった。 | × | 免許は不要である。 |

# 28 観光政策

ランク

 ここだけ押さえよう！

　2023年5月のコロナ5類移行後，本格的に観光業界が盛り上がってきた。そこで，2023年の訪日外国人旅行者数の動向も念のためチェックしよう。

## ここだけ ① 日本の観光の動向

### （1）2022年の訪日外国人旅行者数

　2022年の訪日外国人旅行者数は，**年間では約383万人**（2019年比88.0%減）となった。

| 6月 | 外国人観光客の受入再開 |
|---|---|
| 10月 | 入国者数の上限撤廃・個人旅行の解禁・ビザなし渡航の解禁など，水際措置の大幅緩和→訪日外国人旅行者数が大きく増加 |

### （2）2023年の訪日外国人旅行者数

　2023年の訪日外国人旅行者数（推計値）は，**2,506万6,100人**となり，2019年（3,188万2,049人）比で21.4%減（8割水準）のところまできている。一方，訪日外国人旅行消費額（速報）は，**5兆2,923億円（2019年比9.9%増）となり，過去最高を更新**。訪日外国人1人当たりの旅行支出も**21万2,193円（2019年比33.8%増）**となった。

| 4月 | 2022年10月以降単月では最多の194.9万人となり，2019年同月比で66.6%まで回復 |
|---|---|
| 9月 | 2019年同月比96.1%の218.4万人となり，新型コロナウイルス拡大前の実績に迫る勢い |
| 12月 | 2019年同月比108.2%の273.4万人となり，新型コロナウイルス拡大前の実績を上回った |

一方で**オーバーツーリズム**が顕
在化している点が大きな課題。

**オーバーツーリズム**
人気観光地で混雑，渋滞，ごみのポイ捨て，地域住民が公共交通機関に乗れないなどの問題が起き，地域にマイナスの影響を及ぼすことだよ。

直近の訪日外国人旅行者数の推移（月別）

観光庁 HP より

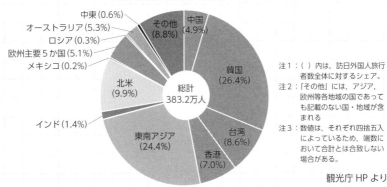

訪日外国人旅行者の内訳（2022年）

注1：（ ）内は，訪日外国人旅行者数全体に対するシェア。
注2：「その他」には，アジア，欧州等各地域の国であっても記載のない国・地域が含まれる
注3：数値は，それぞれ四捨五入によっているため，端数において合計とは合致しない場合がある。

観光庁 HP より

## ② 観光立国推進基本計画

2023年3月，政府は**新たな「観光立国推進基本計画」を閣議決定**した。6年ぶりの改訂で，2023～2025年度の3年間使う計画のため，今後の観光政策を考える際の指標となる。目標は，持続可能な形での観光立国の復活に向け，質の向上を重視する観点から，**人数に依存しない指標を中心に設定**されている。

| 基本的な方針 | 項目 | 目標 |
|---|---|---|
| ❶持続可能な観光地域づくり戦略 | 持続可能な観光地域づくりに取り組む地域数 | 2025年までに**100地域**(うち国際認証・表彰地域50地域) |
| ❷インバウンド回復戦略 | 訪日外国人旅行消費額 | 早期に**5兆円**<br>※2023年年間値(速報):5兆2,923億円 |
| | 訪日外国人旅行消費額単価 | 2025年までに**20万円** |
| | 訪日外国人旅行者1人当たり地方部宿泊数 | 2025年までに2泊 |
| | 訪日外国人旅行者数 | **2025年までに2019年水準超え**<br>※2019年実績値:3,188万人 |
| | 日本人の海外旅行者数 | 2025年までに2019年水準超え<br>※2019年実績値:2,008万人 |
| | アジア主要国における国際会議の開催件数に占める割合 | 2025年までにアジア最大の開催国(3割以上)<br>※2019年実績値:アジア2位(30.1%) |
| ❸国内交流拡大 | 日本人の地方部延べ宿泊者数 | 2025年までに3.2億人泊 |
| | 国内旅行消費額 | 早期に20兆円,2025年までに22兆円<br>※2019年実績値:21.9兆円 |

ここだけ
## ③ 統合型リゾート（IR）

　2023年4月，政府は，カジノを含む統合型リゾート（IR）について，**大阪府・市のIR整備計画を認定**した。IR整備計画が認定されたのは，全国で初めて。なお，同時に申請していた長崎県の計画については，2023年12月に不認定とされた。

### ④ 文化観光の促進

ここだけ

2020年5月，文化観光推進法（文化観光拠点施設を中核とした地域における文化観光の推進に関する法律）が施行された。この法律は，文化の振興を，観光の振興と地域の活性化につなげることで，**経済効果が文化の振興に再投資される好循環をつくり出す**ことを目的としている。文化観光拠点施設を中核とした地域の文化観光を推進するため，主務大臣（文部科学大臣・国土交通大臣）による基本方針の策定や拠点計画・地域計画の認定，これらの計画に基づく事業に対する特別の措置などを講じるとされている。

## 1問1答

| | 問題 | | 解答 |
|---|---|---|---|
| 1 | 2023年の訪日外国人旅行者数は，年間で2,506万6,100人となり，2019年を超えた。 | × | コロナ禍前の2019年水準にはまだ達していないが，8割程度にまで回復した。 |
| 2 | 2023年3月，政府は新たな「観光立国推進基本計画」を閣議決定し，訪日外国人旅行消費額を早期に5兆円にするという方針を示したが，すでに2023年にこれを上回ったとされる。 | ○ | そのとおり。2023年（速報）によると，5兆2,923億円となった。 |
| 3 | 2023年4月，政府は，カジノを含む統合型リゾート（IR）について，国内で初めて長崎県のIR整備計画を認定した。 | × | 大阪府・市のIR整備計画の誤り。 |

# 29 労働事情

ランク
B

## 超約 ここだけ押さえよう！

2023年10月から最低賃金が改定された。大まかな数値を覚えておこう。

## ① 最低賃金制度

### （1）最低賃金の概要

最低賃金には，地域別最低賃金と特定最低賃金の２種類がある。両方の最低賃金が同時に適用される場合には，使用者は高いほうの最低賃金額以上の賃金を支払わなければならないこととされている。

▶ 地域別最低賃金…各都道府県内の事業場で働くすべての労働者とその使用者に対して適用される最低賃金。各都道府県に1つずつ設定される

▶ 特定最低賃金…特定の産業ごとに設定されている最低賃金で，地域別最低賃金より高い水準が定められる

### （2）2023年10月改定

- 地域別最低賃金の全国平均は時給1,004円→初めて1,000円を超えた
  全国すべての都道府県で1,000円を超えたのではない
- 過去最高の引上げ額（43円）
- 最も高い都道府県→東京都（1,113円）
- 最も低い都道府県→岩手県（893円）

## ② 労働の基本データ

〈ここだけ〉

| 労働力人口<br>(2022年) | 労働力人口 | 6,902万人と横ばいで推移 |
|---|---|---|
| | 労働力人口総数に占める65歳以上の者の割合 | 13.4%と長期的には上昇傾向 |
| 労働時間 | 月間総実労働時間<br>(2022年) | 136.2時間で，2年連続の増加 |
| | 年間労働時間<br>(2021年) | 1,651時間。日本の労働時間は，他国と比べても大きく減少<br>※パートタイム労働者比率が上昇に大きく寄与 |
| 賃金<br>(2022年) | 名目賃金 | 前年比ですべての月において増加。賃上げ率は2.20%で，4年ぶりに前年の水準を上回る |
| | 実質賃金 | 円安の進行や輸入原材料の価格の高騰に伴う物価上昇が見られ，実質賃金は減少 |
| | 男女の賃金格差 | 男性を100として見た男女間賃金格差は75.7で，2年連続での格差縮小 |
| 雇用形態<br>(2022年) | 正規雇用者の割合 | 63.1% |
| | 非正規雇用者の割合 | 36.9%<br>※パートやアルバイトが約7割 |
| 年次有給休暇取得率<br>(2022年) | 平均取得率 | 62.1%で過去最高→初の6割超え |
| | 平均取得日数 | 10.9日 |
| テレワーク実施率<br>(2022年以降) | 30%前後で推移 | |

| 求人倍率と<br>完全失業率<br>（2022年平均） | 平均取得率 | 2.26倍。前年差0.24ポイント<u>上昇</u> |
|---|---|---|
| | 有効求人倍率 | 1.28倍。前年差0.15ポイント<u>上昇</u> |
| | 完全失業率 | 2.6％。前年差0.2％ポイント<u>低下</u> |

## ③ 労働法制

ここだけ

2018年に<u>働き方改革関連法</u>が成立し，労働基準法などが改正された。

## ？ どうしてこうなった？

### 背景

長時間労働を是正することで労働者の心身の健康を守り，一方で，働き方の選択の幅を広げる。

### 改正ポイント

| 時間外労働の上限規制を導入 | 時間外労働の上限について，**月45時間，年360時間を原則**とし，臨時的な特別な事情がある場合でも年720時間，単月100時間未満（休日労働含む），複数月平均80時間（休日労働含む）を限度に設定 |
|---|---|
| 中小企業における月60時間超の時間外労働に対する割増賃金の見直し | 2023年4月から，割増賃金率5割以上について，<u>中小企業への猶予措置を廃止</u> |
| 勤務間インターバル制度 | 終業時刻から次の始業時刻の間に一定時間以上の休息時間を確保する仕組みである。勤務間インターバル制度を導入することが事業主の**努力義務**となった |

| | |
|---|---|
| **フレックスタイム制の見直し** | 清算期間の上限を1か月→3か月に改正 |
| **高度プロフェッショナル制度の創設** | 専門的な業務に従事し，年収が1,075万円以上である労働者は，**対象労働者本人から書面で同意を得て**，労働基準法に定められた労働時間，休憩，休日および深夜の割増賃金に関する規定を適用除外とすることができる |

## 1問1答

| | 問題 | | 解答 |
|---|---|---|---|
| **1** | 地域別最低賃金は，事業場で働くすべての労働者とその使用者に対して適用される最低賃金で，国が統一して1つ設定する。 | ✕ | 各都道府県内の事業場で働くすべての労働者とその使用者に対して適用される最低賃金で，各都道府県に1つずつ設定される。 |
| **2** | 2023年10月から改定された地域別最低賃金は，時給1,004円となり，初めてすべての都道府県で1,000円を超えた。 | ✕ | 全国平均で1,004円なので，すべての都道府県で1,000円を超えたのではない。 |
| **3** | 2022年の賃金動向を見ると，名目賃金は前年比ですべての月において増加し，賃上げ率も2.20％となった。一方で，実質賃金は円安の進行や輸入原材料の価格の高騰に伴う物価上昇により減少した。 | ◯ | そのとおり。名目賃金は上昇しているが，実質賃金は低下しているという方向性を押さえよう。 |
| **4** | 中小企業における月60時間超の時間外労働に対する割増賃金の見直しは，2023年4月から，中小企業への猶予措置が廃止された。 | ◯ | そのとおり。 |

**5章 社会科学ー社会ー**

**29 労働事情**

# 30 自殺・虐待・いじめ・不登校問題

ランク B

## 超約 ここだけ押さえよう！

社会的な問題としてこれらを一括して扱う。数値については増減を中心に押さえることがポイント。

### ここだけ ① 自殺

2022年の自殺者数は2万1,881人で，前年に比べて874人増えた。男女別に見ると，男性は13年ぶりの増加，女性は3年連続の増加となっている。

| 男女別 | 自殺は男性のほうが多く，女性の約2.1倍となっている |
|---|---|
| 自殺死亡率 | 17.5→人口10万人当たりの自殺者数の総数で，日本は他の先進国より高く，特に女性の自殺死亡率が高い |
| 原因 | 健康問題，家族問題，経済・生活問題，勤務問題の順に多い |
| 児童・生徒 | 小中高生の自殺者数が514人と過去最多 |

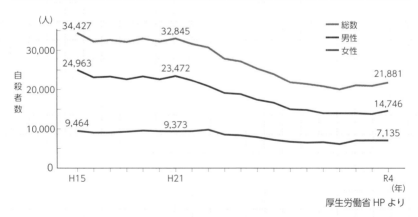

厚生労働省HPより

※なお，2023年の自殺者数（暫定値）は2万1,818人で，前年より減少した。男性は1万4,854人（前年比108人増），女性は6,964人（171人減）。原因は「健康問題」が最も多く，「経済・生活問題」が続く。

2022年10月，政府は新たな「自殺総合対策大綱」を決定した。自殺総合対策大綱は，自殺対策基本法に基づき，政府が推進すべき自殺対策の指針として定めるものだ。

●新大綱の４つの柱
❶子ども・若者の自殺対策の更なる推進・強化
❷女性に対する支援の強化
❸地域自殺対策の取組み強化
❹新型コロナウイルス感染症拡大の影響を踏まえた対策の推進など，総合的な自殺対策のさらなる推進・強化

## ② 児童虐待
ここだけ

2023年9月，こども家庭庁は2022年度中に児童相談所が児童虐待相談として対応した件数が21万9,170 件（速報値）で，過去最多を記録したと公表した。

| 虐待の種類と頻度 | 心理的虐待が最も多く，身体的虐待，ネグレクト，性的虐待と続く |
|---|---|
| 通告経路 | 警察等が最も多く，次いで近隣・知人，家族・親戚，学校からが多い |
| 増加の主な要因 | 関係機関の児童虐待防止に対する意識や感度が高まり，関係機関からの通告が増えている |

| 年　　度 | 2017年度 | 2018年度 | 2019年度 | 2020年度 | 2021年度 | 2022年度 |
|---|---|---|---|---|---|---|
| 件　　数 | 133,788 | 159,838 | 193,780 | 205,044 | 207,660 | 219,170 |
| 対前年度比 | +9.1% | +19.5% | +21.2% | +5.8% | +1.3% | +5.5% |

こども家庭庁HPより

2022年4月からは改正児童虐待防止法と改正児童福祉法が施行されている。

改正児童虐待防止法
2016年の改正では，2017年4月から，特別区が児童相談所を設置できるようになったよ。

**改正ポイント**

- 親権者による体罰の禁止を明確化。民法の「懲戒権」は2022年12月の改正民法で規定を削除（2022年12月施行）
- 一時保護などの介入と親権者の支援を行う職員を分離
- 児童相談所で，弁護士が常時指導・助言できる体制を整備
- 医師と保健師を1人以上配置

ここだけ
## ③ いじめ・不登校

### ●2022年度調査のポイント

| いじめ<br>(小・中・高等学校および特別支援学校) | いじめの認知件数 | ● 68万1,948件で，過去最多<br>● 児童生徒1,000人当たりの認知件数は53.3件<br>● 2020年度は新型コロナウイルス感染症の流行による全国一斉休校で大幅に減少したが，2021年度，2022年度と再び増加 |
|---|---|---|
| | いじめの重大事態件数 | ● 923件<br>● 前年度に比べ217件増加し，過去最多 |
| 不登校<br>(小・中学校) | 不登校児童生徒数 | ● 29万9,048人で，前年度から5万4,108人増加，過去最多<br>● 在籍児童生徒に占める不登校児童生徒の割合は3.2%<br>● 過去5年間の傾向としては，小・中学校ともに不登校児童生徒数およびその割合が増加 |

**いじめ**

いじめ防止対策推進法では，「いじめ」を「児童等に対して，当該児童等が在籍する学校に在籍している等当該児童等と一定の人的関係にある他の児童等が行う心理的又は物理的な影響を与える行為(インターネットを通じて行われるものを含む。)であって，当該行為の対象となった児童等が心身の苦痛を感じているもの」と定義しているよ。

1問1答

| | 問題 | | 解答 |
|---|---|---|---|
| 1 | 2022年の自殺者数は2万1,881人で，前年に比べて874人減少した。ただ，男女別に見ると，女性は3年連続の増加となっている。 | × | 前年に比べて874人増加した。 |
| 2 | 自殺者数を男女別で見ると，女性のほうが多く，男性の約2.1倍となっている。 | × | 男性のほうが圧倒的に多く，女性の約2.1倍である。近年はこの傾向が続いている。 |
| 3 | わが国の自殺死亡率（人口10万人当たりの自殺者数の総数）は，他の先進国より低い。 | × | わが国の自殺死亡率は他の先進国より高い。 |
| 4 | 自殺の原因として最も多いのは，家族問題である。 | × | 健康問題が最多。 |
| 5 | 2022年度中に児童相談所が児童虐待相談として対応した件数は，21万9,170件（速報値）であり，過去最多となっている。種類としては，心理的虐待が最も多い。 | ○ | そのとおり。 |
| 6 | 2022年度の「児童生徒の問題行動・不登校等生徒指導上の諸課題に関する調査結果の概要」によると，小・中・高等学校および特別支援学校におけるいじめの認知件数は68万1,948件で，過去最多となっている。 | ○ | そのとおり。 |
| 7 | 2022年度の「児童生徒の問題行動・不登校等生徒指導上の諸課題に関する調査結果の概要」によると，小・中学校の不登校児童生徒数はコロナ禍が明けたこともあり，前年度から減少している。 | × | 不登校児童生徒数は前年度から増加している。 |

# 31 女性の活躍

ランク
B

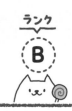

## 超約 ここだけ押さえよう！

女性の活躍は，日本経済の成長のカギ。女性版骨太の方針には目を通しておこう。

### ① ジェンダー・ギャップ指数

2023年6月，スイスの非営利財団である「世界経済フォーラム」は，2023年のジェンダー・ギャップ指数を発表した。日本は**0.647**であり，**146か国中世界125位**（2022年は116位，2006年の公表開始以来の最低順位）。その原因としては，教育と健康の値は世界トップクラスである一方で，政治と経済の値が低く，格差解消が進んでいない点を挙げられる。

▶ジェンダー・ギャップ指数…経済・教育・保健・政治の分野ごとに各使用データをウエートづけした指数で，**0が完全不平等，1が完全平等**を表す

### ② 管理職に占める女性の割合

厚生労働省が2022年10月に実施した「雇用均等基本調査」によると，企業の課長級以上の管理職に占める女性の割合は，**12.7％（2022年度）**となり，過去最高を記録した。ただ，前年比0.4ポイントの上昇にとどまっており，**国際的に見ればG7では最も低く**，今後も長期的な取

12.7%（2022年度）
労働政策研究・研修機構が2023年に公表した「国際労働比較」によると，管理職に占める女性の割合は，日本は13.2%となっているね。

| | |
|---|---|
| 高い | 医療・福祉：53%<br>生活関連サービス・娯楽業：24.6%<br>宿泊業，飲食サービス業：17.5% |
| 低い | 電気・ガス・水道業：4.1%<br>建設業：8.7%<br>製造業，鉱業・採石業・砂利採取業：8% |

厚生労働省HPより

組みが必要。傾向として，**規模が大きい企業のほうが女性管理職の割合が少ないこと**や，業界別の特徴などを押さえておきたい。

### ③ L字カーブ

「令和5年版男女共同参画白書」によると，女性は，年齢階級を問わず就業率こそ上昇しているものの，**35〜44歳で，若い年代（25〜34歳）と比べて非正規雇用割合が上昇する傾向**が続いている。子育ての時期とちょうど重なっている点がポイント。

正規雇用比率を見ると，**女性は25〜29歳の60.0％をピークに低下し，年齢の上昇とともに下がっている**（L字カーブ）。非正規雇用労働者として働いている有配偶の20〜30代女性は，条件が整えば正規雇用労働者として働きたいとする割合が大きいので，テレワークの活用がカギとなる。

なお，女性の年齢階級別労働力率（M字カーブ）は底の年齢階級が上がり，凹み自体も浅くなってきており，台形に近づきつつある。

### ●テレワーク実施率
→女性のほうが男性と比較して低い
→非正規雇用労働者のほうが正規雇用労働者と比較して低い

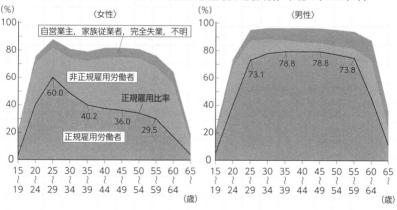

年齢階級別労働力人口比率の就業形態別内訳（男女別，令和4〈2022〉年）

男女共同参画局 HP より

**ここだけ**

# ④ 女性版骨太の方針2023

2023年6月，女性活躍と男女共同参画の重点方針「女性版骨太の方針2023」が公表された。3つの柱からなっている。

| | |
|---|---|
| ❶女性活躍と経済成長の好循環の実現に向けた取組みの推進 | ● 2023年中に，取引所の規則に以下の内容の規定を設けるための取組みを進める。<br>（1）プライム市場上場企業を対象とした女性役員比率に係る数値目標の設定等<br>❶2025年を目途に，女性役員を1名以上選任するよう努める<br>❷2030年までに，女性役員の比率を30％以上とすることをめざす<br>❸上の目標を達成するための行動計画の策定を推奨する<br>（2）女性起業家の育成・支援 |
| ❷女性の所得向上・経済的自立に向けた取組みの強化 | ● 男女間賃金格差の開示に伴うさらなる対応<br>→常時雇用労働者101～300人の事業主への公表義務の対象拡大を検討<br>● 非正規雇用労働者の正規化および処遇改善等 |
| ❸女性が尊厳と誇りを持って生きられる社会の実現 | ● 配偶者等からの暴力への対策の強化<br>→2024年4月の配偶者暴力（DV）防止法改正法の円滑な施行を図るための体制整備<br>● 性犯罪・性暴力対策の強化とハラスメント防止対策 |

常時雇用労働者101～300人の事業主への公表義務の対象拡大を検討
女性活躍推進法の省令改正によって，2022年7月から「男女賃金格差の開示義務化」が従業員数301人以上の企業を対象に義務化されたんだ。この対象を拡大しようというわけだね。

配偶者暴力（DV）防止法改正法
❶接近禁止命令等を申し立てることができる被害者の範囲の拡大，❷接近禁止命令等の期間の伸長，❸電話等禁止命令の対象行為の追加などが柱。

## ⑤ 改正DV防止法

2023年5月，DV防止法が改正され，身体的な暴力だけでなく，**言動や態度による精神的な暴力でも裁判所が被害者に近づくことなどを禁止する「保護命令」を出せる**ようになる（一部を除いて2024年4月に施行）。

なお，2022年の全国の警察が受理した配偶者などパートナーからの暴力（DV）の相談件数は**8万4,496件**で，**19年連続で最多**。被害者は女性が73.1％。

### 改正ポイント

- 保護命令の期間：「6か月」→「1年」に延長
- 命令違反に対する罰則：「1年以下の懲役または100万円以下の罰金」→「2年以下の懲役または200万円以下の罰金」に引き上げ

## 1問1答

| 問題 | | 解答 |
|---|---|---|
| 1 | 女性労働力率がいわゆるM字カーブを描くことは，中長期的に見て解消しつつあるが，女性の正規雇用比率を見ると，25〜29歳の60.0％をピークに低下し，年齢の上昇とともに下がっている。 | ○ そのとおり。これを「L字カーブ」という。 |
| 2 | 2023年6月，女性活躍と男女共同参画の重点方針「女性版骨太の方針2023」が公表され，プライム市場上場企業を対象とした女性役員比率に係る数値目標が設定された。具体的には，2030年を目途に，女性役員を1名以上選任するよう努めることと，2040年までに，女性役員の比率を30％以上とすることをめざすこととされた。 | × 「2030年を目途に」→「2025年を目途に」，「2040年までに」→「2030年までに」。 |
| 3 | 改正DV防止法では，身体的な暴力のみ，裁判所は被害者に近づくことなどを禁止する「保護命令」を出せるとされた。 | × 言動や態度による精神的な暴力でも保護命令を出せるようにした。 |

# 32 医療・年金・介護

　社会保障の柱の一つとして社会保険がある。年金，医療，介護の３つの社会保険が特に出やすいので注意して学習しよう。

## ① 医療保険

### ●制度概要

　日本において，一番古くからあるのが医療保険だ。ただし，入っている保険は職業等によって異なる。

| 会社員<br>（サラリーマン） | 健康保険（全国健康保険協会〈協会けんぽ〉，健康保険組合） |
|---|---|
| 公務員 | 共済保険 |
| 自営業，無職 | 国民健康保険 |

　また，75歳以上になると，すべての人が後期高齢者医療保険に加入する。現在の負担割合は所得に応じて1〜3割となっている。2022年10月から一定の所得のある後期高齢者の負担割合が1割から2割に引き上げられた。

　また，政府はマイナンバーカードと健康保険証を一体化し，紙の健康保険証を2024年12月2日に廃止することを正式に決めた。ただ，廃止後も最長1年間の猶予期間を設け，紙の保険証が利用できることとし，「マイナ保険証」を持っていない人には代わりに「資格確認書」を発行する。

### ●負担割合

| 75歳以上 | 1割負担。ただし，現役並み所得者は3割負担，2022年10月から現役並み所得者以外の一定所得以上の者は2割負担 |
|---|---|

| 70歳〜74歳 | 2割負担。ただし，現役並み所得者は3割負担 |
| 義務教育就学後〜69歳 | 3割負担 |
| 義務教育就学前 | 2割負担 |

## ② 年金保険

### （1）制度概要

　日本の年金保険は，20歳以上60歳未満のすべての者が加入する**国民年金（基礎年金）**と，民間サラリーマンや公務員などが所得の一定割合を保険料として払う**厚生年金（報酬比例年金）**がある。歴史的に見ると，1961年に国民皆年金が実現し，1985年にすべての者が国民年金に加入して，被用者は加えて厚生年金等に加入するという「基礎年金制度」が出来上がった。

| 国民年金（基礎年金）（1階部分） | **20歳以上60歳未満の者**すべてが加入し，原則として65歳から支給。ただし，60歳〜75歳の幅で**受給時期を繰り上げたり繰り下げたり**できる<br>→保険料は**定額**。しかし，民間サラリーマンや公務員などの第2号被保険者や被扶養配偶者（専業主婦〈夫〉）などの第3号被保険者は払わなくてよい |
| 厚生年金（報酬比例年金，被用者年金）（2階部分） | 民間サラリーマンや**公務員**などの**第2号被保険者**が国民年金に加えて入る。支給については，段階的に60歳から65歳への引上げが行われている<br>→保険料は**一定率で労使折半**（国民年金の保険料は払わない） |

受給時期を繰り上げたり繰り下げたり　繰り上げれば年金は減額される。繰り下げれば年金は増額されるよ。

公務員　公務員については昔，共済年金というのがあったんだけど廃止されたんだ。これにより，2015年10月から公務員も厚生年金に加入することになったよ（厚生年金への統一化）。

165

【年金制度の体系】

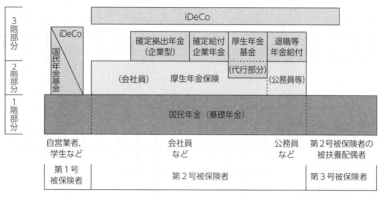

| 3階部分 | iDeCo | | | | | |
|---|---|---|---|---|---|---|
| | | iDeCo | | | | |
| 3階部分 | 国民年金基金 | 確定拠出年金（企業型） | 確定給付企業年金 | 厚生年金基金 | 退職等年金給付 | |
| 2階部分 | | （会社員） | 厚生年金保険 | （代行部分） | （公務員等） | |
| 1階部分 | | | 国民年金（基礎年金） | | | |

自営業者,学生など　　　　会社員など　　　　公務員など　　第2号被保険者の被扶養配偶者

第1号被保険者　　　　第2号被保険者　　　　第3号被保険者

厚生労働省 HP より

## （2）マクロ経済スライド

マクロ経済スライドとは，現役世代の人口減少や平均余命の延伸などに合わせて，年金の給付水準を自動的に抑制する仕組みである。賃金や物価による改定率から，「スライド調整率」を差し引くことになるので，年金の給付水準が抑制される。

2004年に制度が導入されて以降，政府はこれまで2015，2019，2020，2023年度のみ発動してきた。2024年度も2年連続で発動されることになった。

> 2015，2019，2020，2023年度のみ発動
> 物価や賃金の伸びがマイナスの場合は発動できないからだよ。

## （3）年金積立金

現役世代が納めた年金保険料のうち，年金の支払いなどに充てられなかったものは年金積立金として運用に回される。年金積立金管理運用独立行政法人（GPIF）が国内外の資本市場で運用している。年金積立金を運用により増やし，将来世代の年金給付を補おうというわけだ。

2022年度の実績は，収益率が＋1.50％（年率），収益額は＋2兆9,536億円（年間）となった。

## ③ 介護保険

### （1）制度概要

市区町村に置かれる**介護認定審査会**で**要介護（1〜5），要支援（1，2）**と認定されると保険給付を受けられる。被保険者は第1号被保険者（65歳以上の者）と第2号被保険者（40歳以上65歳未満の医療保険加入者）の2種類あり，**40歳以上から保険料を徴収する。保険者は市区町村**で，自己負担割合は所得に応じて1〜3割となっている。具体的には，原則は1割の負担だが，現役並み高所得者は3割，一定以上所得者の場合は2割の負担。

要介護（1〜5），要支援（1，2）
第2号被保険者は末期がん，関節リウマチ等の加齢に起因する疾病（特定疾病）による場合に限定されるよ。

### ●保険料

| 第1号被保険者<br>（65歳以上） | 年金受給額が年18万円以上の人は特別徴収（年金からの天引き），年金受給額が年18万円以下の人は普通徴収（納付書で納付）となる |
|---|---|
| 第2号被保険者<br>（40〜64歳） | 健康保険料の一部として徴収される |

※2024年度から年間所得420万円以上の高齢者は保険料が引き上げられる

### （2）介護の現状

「令和4年度 介護給付費等実態統計の概況」によると，2023年4月審査分の受給者1人当たり介護費用額は**175万5,000円**となっており，前年4月審査分と比較すると 2万7,000円増加している。また，2022年度にかかった介護費用累計（介護給付費と自己負担の総額）は，前年度よりも約1,621億円増加し，

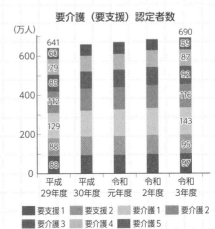

要介護（要支援）認定者数

（万人）

| | 平成29年度 | 平成30年度 | 令和元年度 | 令和2年度 | 令和3年度 |
|---|---|---|---|---|---|
| 要支援1 | 88 | | | | 97 |
| 要支援2 | 88 | | | | 95 |
| 要介護1 | 129 | | | | 143 |
| 要介護2 | 112 | | | | 116 |
| 要介護3 | 85 | | | | 92 |
| 要介護4 | 79 | | | | 87 |
| 要介護5 | 60 | | | | 59 |
| 計 | 641 | | | | 690 |

■要支援1　■要支援2　■要介護1　■要介護2
■要介護3　■要介護4　■要介護5

厚生労働省 HP より

約11兆1,912億円となっていて，過去最高を更新した。

一方，「令和３年度　介護保険事業状況報告（年報）」によると，要介護（要支援）認定者数は，2021年度末現在で**690万人**となっている。認定者を要介護（要支援）状態区分別に見ると，軽度（要支援１～要介護２）の認定者が**約65.5%**を占めている。

### （3）改正介護保険法

2023年5月，改正介護保険法が成立した。

改正ポイント

| ❶介護情報基盤の整備 | 介護情報等を共有・活用する事業を地域支援事業として位置づける |
|---|---|
| ❷経営情報の調査分析 | 経営情報を収集し，分析結果を公表する制度を創設 |
| ❸生産性の向上に資する取組みに係る努力義務 | 都道府県に対し，介護サービス事業所において生産性の向上に資する取組に係る努力義務を課す |
| ❹看護小規模多機能型居宅介護（看多機） | 看多機を，複合型サービスの一類型として法律上位置づけ |
| ❺地域包括支援センターの体制整備 | 要支援者に行う介護予防支援を，居宅介護支援事業所（ケアマネ事業所）も市町村からの指定を受けて実施できるようにする |

※❶を除き，2024年4月に施行

### ④ 介護離職の防止と介護人材の確保

ここだけ

介護離職する者は，2023年7月に公表された総務省の「就業構造基本調査」によると，2022年で**年間10万6,000人と増加**に転じている。年代別では，40代，50代，60代が多い傾向が見られる。なお，近時，厚生労働省は，介護職員の処遇を改善するため2024年2～5月に実施する**月6,000円相当の賃上げ**について，6月以降も継続する方針を固めた。

## 1問1答

| 問題 | | 解答 |
|---|---|---|
| **1** | 後期高齢者医療保険における負担割合は，所得に応じて1～3割となっているが，2022年10月から一定の所得のある後期高齢者の負担割合が2割から3割に引き上げられた。 | ✕ 1割から2割に引き上げられた。 |
| **2** | 政府はマイナンバーカードと健康保険証を一体化し，紙の健康保険証は2024年12月2日に廃止される。 | ◯ そのとおり。 |
| **3** | 国民年金の保険料は，民間サラリーマンや公務員などの第2号被保険者や被扶養配偶者(専業主婦(夫))なども含めて，すべての者が納付する必要がある。 | ✕ 国民年金の保険料を納付する義務があるのは，自営業者等の第1号被保険者のみである。 |
| **4** | 2022年度の年金積立金の運用実績は，収益率も収益額もともにマイナスとなった。 | ✕ 収益率が＋1.50％(年率)，収益額が＋2兆9,536億円(年間)であった。 |
| **5** | 介護保険の被保険者は，65歳以上の者のみであり，40歳以上から保険料を徴収する。 | ✕ 被保険者は第1号被保険者(65歳以上の者)と第2号被保険者(40歳以上65歳未満の医療保険加入者)の2種類。 |
| **6** | 2022年度にかかった介護費用累計は，前年度よりも約1,621億円増加し，過去最高の約11兆1,912億円となった。 | ◯ そのとおり。 |
| **7** | 介護離職する者は，2022年には年間約365万人にのぼっている。 | ✕ 「約365万人」は，介護をしながら働く人の数である。 |
| **8** | 介護職員の処遇を改善するため，政府はこれまで継続的な賃上げを行ってきたが，2024年中には実施しない方針を固めた。 | ✕ 2024年は2～5月に実施する。また，同年6月以降も継続する方針を固めた。 |

5章 社会科学―社会―

32 医療・年金・介護

# 33 教育

**超約** ここだけ押さえよう！

　GIGAスクール構想をはじめ，近時の教育政策は加速度を増して進められている。一方で，教員志望者の減少には歯止めがかかっていない。

## ここだけ ① GIGAスクール構想

　GIGAスクール構想は，❶1人1台端末と，❷高速大容量の通信ネットワークを一体的に整備することで，多様な子どもたちを誰一人取り残すことなく，公正に個別最適化された教育を提供していこうという構想。

●ポイント

●児童生徒1人1台端末の整備→**国公私立の小・中・特別支援学校等**の児童生徒が使用するパソコン端末を整備

●校内通信ネットワークの整備→希望するすべての**小・中・特別支援学校・高等学校等**における校内LANを整備。加えて，小・中・特別支援学校等に電源キャビネットを整備

　2023年11月，GIGAスクール構想の第2期を見据えて，1人1台端末の更新を5年程度かけて計画的に進めていくことになった。都道府県に総額2,643億円の基金を作って行うことになっている。

## ここだけ ② 初等中等教育

> 有効期限のない免許状
> 2023年4月から，新たな研修制度をスタートさせることになったよ。

### （1）教員免許更新制廃止

　2022年7月，「教育公務員特例法及び教育職員免許法の一部を改正する法律」が施行され，**教員免許更新制は廃止**された。有効な教員免許状（休眠状態のものを含む）は，手続きなく，**有効期限のない免許状**となった。今後は自

主的な研修を教育委員会が行っていく方式となる。

## （2）35人学級

　2021年，改正義務標準法が成立し，すでに35人学級が実現していた小学1年生に加え，従来は40人であった小学2年生〜小学6年生も5年かけて35人に引き下げていくことになった。2021年度から毎年1学年ずつ35人に引き下げていって，2025年度に移行が完了する。

## （3）教科担任制

　学校教育法の改正により，2016年度から既存の小中学校を再編成し，小中一貫教育を行う義務教育学校が制度化された。これに伴い，義務教育の9年間をより有意義なものにするため，小学校高学年から教科担任制を導入することが求められてきた。そこで，2022年4月から，小学校高学年で教科担任制が導入されることになった。これは，教員が特定の教科のみを担当し，自身の専門性を活かした授業展開を可能とする制度である。

## （4）部活動の地域移行

　少子化への対応と教員の長時間労働是正を目的として，公立中学校の休日の部活動を学校ではなく，地域のスポーツクラブなどで行う制度（地域移行）が2023年4月から始まった。3年かけて段階的に移行する。

## （5）学習指導要領

　学習指導要領とは，文部科学省でまとめられる教育方針についてのガイドライン。時代に合うように約10年に1度改訂されてきた。現行の新学習指導要領では，新しい教科・科目等の新設や目標・内容の見直し，主体的・対話的で深い学び（アクティブ・ラーニング）の実現などが柱となっている。

●ポイント

| 外国語教育の抜本的強化 | 小学校の標準授業時数→5,645時間から5,785時間へ増加<br>● 5・6年生は外国語科（教科化）へ→段階的に「読むこと」「書くこと」を加える<br>● 3・4年生は外国語活動に→「聞くこと」「話すこと（やり取り・発表）」を中心とする |
| --- | --- |

| 情報活用能力の育成 | 小学校 | **プログラミング教育を必修化**する→情報活用能力を言語能力等と同様に「学習の基盤となる資質・能力」と位置づける |
|---|---|---|
| | 中学校 | 技術・家庭科（技術分野）においてプログラミング，情報セキュリティに関する内容を充実 |
| | 高等学校 | 情報科において**共通必履修科目「情報Ⅰ」を新設**，選択科目「情報Ⅱ」を開設 |
| 道徳の特別教科化 | 小中学校の「道徳の時間」を「**特別の教科 道徳**」（道徳科）として新たに位置づける |
| 新科目の創設 | 高等学校の新教育課程において「公共」が創設。「現代社会」の廃止に伴って，新たに設けられた |

## ③ 高等教育

ここだけ

### （1）IT人材の育成

　政府は，「デジタル推進人材」を2026年度末までに230万人育成する目標や，理系学生の割合を**5割程度まで引き上げる**方針を打ち出している。2023年2月，政府は**東京23区内の大学の定員増を認めない旨の法規制**を**2024年度に緩和する方針**を固めた。デジタル人材を育成するためだ。政府は理系300学部の新設や定員増を支援する事業を進めている。

東京23区内の大学の定員増を認めない旨の法規制
地方創生の観点から，東京23区内の大学は今後10年間，原則として定員を増やすことができない旨の法律が2018年に成立したよ。

### （2）国際卓越研究大学制度

　国際的に卓越した研究の展開を相当程度見込まれる大学を「**国際卓越研究大学**」として認定し，大学の作成する研究等体制強化計画に対して，10兆円規模の大学ファンドの運用益から助成を行う制度。2023年9月，文部科学省は，東北大学を候補に選定したと発表した。

国際卓越研究大学
ほかにも，世界最高水準の研究・教育を行う「指定国立大学」の制度（2017年度から），実践的な職業教育を行う「専門職大学」の制度（2019年度から）などがあるよ。

## 1問1答

| 問題 | | 解答 | |
|---|---|---|---|
| 1 | GIGAスクール構想では，国公私立の小・中・特別支援学校・高等学校の児童生徒が使用するパソコン端末を1人1台整備するという内容が含まれている。 | × | 高等学校の生徒は含まれない。 |
| 2 | 2022年7月，「教育公務員特例法及び教育職員免許法の一部を改正する法律」が施行され，教員免許更新制が廃止された。有効な教員免許状は，休眠状態のものを除いて，手続なく，有効期限のない免許状となった。 | × | 休眠状態のものも含まれる。 |
| 3 | 2022年4月から，小学校高学年で教科担任制が導入されることになった。 | ○ | そのとおり。 |
| 4 | 新学習指導要領では，外国語教育の抜本的強化が図られ，小学5・6年生は外国語活動として実施されることになった。 | × | 小学5・6年生は，外国語科（教科化）として実施されることになった。 |
| 5 | 新学習指導要領では，高等学校の新教育課程において「公共」が創設され，「現代社会」との選択が認められるようになった。 | × | 「現代社会」は廃止された。 |
| 6 | 2023年2月，地方の人材確保のため，政府は東京23区内の大学の定員増を認めない旨の法規制を2024年度に厳格にする方針を固めた。 | × | 「緩和」する方針を固めた。 |
| 7 | 専門職大学は，国際的に卓越した研究の展開を相当程度見込める大学である。2023年9月に文部科学省は，東北大学を候補に選定することを発表した。 | × | 専門職大学ではなく，国際卓越研究大学の誤り。 |

# 34 スポーツ政策

ランク
C

---

スポーツ庁では，第3期スポーツ基本計画を踏まえ，さまざまな取組みを行っている。世論調査の結果にも目を配ろう。

## ① スポーツ基本計画

現在最新のスポーツ基本計画は，第3期計画になる。これは2022〜2026年度の5年間で取り組むべき施策や目標などを定めた計画。

●新しい3つの視点
❶スポーツを「つくる／はぐくむ」
❷「あつまり」，スポーツを「ともに」行い，「つながり」を感じる
❸スポーツに「誰もがアクセス」できる

●目標
❶成人の週1回以上のスポーツ実施率が70％になること，成人の年1回以上のスポーツ実施率が100％に近づくこと
❷1回30分以上の軽く汗をかく運動を週2回以上実施し，1年以上継続している運動習慣者の割合の増加

## ② 令和4年度「スポーツの実施状況等に関する世論調査」の結果

| 運動・スポーツ実施率について | 20歳以上の週1日以上の運動・スポーツ実施率 | 52.3％（前年度から4.1ポイント減）→男性が54.4％（前年度から4.1ポイント減），女性が50.2％（前年度から3.9ポイント減）で女性のほうが低い<br>※年代別の週1日以上の運動・スポーツ実施率は，すべての年代層で前年度を下回っている |
| --- | --- | --- |

| | | |
|---|---|---|
| | 20歳以上の年1日以上の運動・スポーツ実施率 | **77.5**%（前年度から2.4ポイント減） |
| | 1日30分以上の軽く汗をかく運動を週2日以上実施し，1年以上継続している運動習慣者の割合 | 20歳以上で**27.2**%（本年度調査からの新規項目） |
| **実施状況の変化の要因** | 運動・スポーツを週に1日以上行った理由 | **「健康のため」**が79.4%で最多 |
| | 実施頻度が減ったあるいは増やせない理由 | **「仕事や家事が忙しいから」**が41.0%（前年度から1.1ポイント増）で最多 |
| | 「現在運動・スポーツはしておらず今後もするつもりはない」と答えた無関心層の割合 | **16.6**%（前年度から2.7ポイント増） |

## 1問1答

| | 問題 | | 解答 |
|---|---|---|---|
| **1** | 第3期スポーツ基本計画では，❶スポーツを「つくる／はぐくむ」，❷「あつまり」，スポーツを「ともに」行い，「つながり」を感じる，の2つの視点を重視している。 | ✕ | 3つの視点を重視しており，❸スポーツに「誰もがアクセス」できる，が足りないので誤り。 |
| **2** | 第3期スポーツ基本計画では，「成人の週1回以上のスポーツ実施率が70%になること，成人の年1回以上のスポーツ実施率が100%に近づくこと」を目標として掲げている。 | 〇 | そのとおり。 |
| **3** | 令和4年度「スポーツの実施状況等に関する世論調査」の結果によると，20歳以上の週1日以上の運動・スポーツ実施率は，52.3%であり，男性のほうが女性よりも低い値となっている。 | ✕ | 男性が54.4%，女性が50.2%で女性のほうが低い。 |

**5**章 社会科学―社会―

**34** スポーツ政策

# 35 不動産事情

ランク C

## 超約 ここだけ押さえよう！

　地価は「上昇」していることだけをざっくりと覚えておけば十分。省エネ住宅に関する知識は住宅ローン控除の仕組みとともに確認しておこう。

### ここだけ ① 地価

　国土交通省が2023年9月に発表した「令和5年地価調査」によると、**全国平均において、全用途平均・住宅地・商業地のいずれも2年連続で上昇し、上昇率が拡大**した。新型コロナウイルス感染症が5類に移行したことで、社会経済活動が活発化し、いったん落ち込んでいた地価が回復している。

地価
1平方メートル当たりの価格を算出するよ。

| | 全用途平均 | 住宅地 | 商業地 |
|---|---|---|---|
| 東京圏 | 11年連続上昇 | 3年連続上昇 | 11年連続上昇 |
| 大阪圏 | 2年連続上昇 | 2年連続上昇 | 2年連続上昇 |
| 名古屋圏 | 3年連続上昇 | 3年連続上昇 | 3年連続上昇 |
| 地方圏 | 31年ぶりに上昇 | 31年ぶりに上昇 | 4年ぶりに上昇 |

　商業地の最高価格は、18年連続で東京・中央区銀座にある明治屋銀座ビルの、1平方メートル当たり4,010万円だった。4年ぶりに上昇に転じた。

| | 全用途平均 | | | 住宅地 | | | 商業地 | | |
|---|---|---|---|---|---|---|---|---|---|
| | R3 | R4 | R5 | R3 | R4 | R5 | R3 | R4 | R5 |
| 全国 | ▲0.4 | 0.3 | 1.0 | ▲0.5 | 0.1 | 0.7 | ▲0.5 | 0.5 | 1.5 |
| 東京圏 | 0.2 | 1.5 | 3.1 | 0.1 | 1.2 | 2.6 | 0.1 | 2.0 | 4.3 |
| 大阪圏 | ▲0.3 | 0.7 | 1.8 | ▲0.3 | 0.4 | 1.1 | ▲0.6 | 1.5 | 3.6 |
| 名古屋圏 | 0.5 | 1.8 | 2.6 | 0.3 | 1.6 | 2.2 | 1.0 | 2.3 | 3.4 |
| 地方圏 | ▲0.6 | ▲0.2 | 0.3 | ▲0.7 | ▲0.2 | 0.1 | ▲0.7 | ▲0.1 | 0.5 |

国土交通省HPより

## ② 省エネ住宅

ここだけ

2024年1月以降に建築確認を受ける新築住宅は，省エネ基準に適合していないと**住宅ローン控除（住宅借入金等特別控除）**が適用されなくなる。

また，2025年4月に改正建築物省エネ法が施行され，原則としてすべての新築住宅は**省エネ基準に沿ったもの**でなければならなくなる（義務）。省エネ基準を満たした住宅としては，ZEH住宅，LCCM住宅，認定長期優良住宅，認定低炭素住宅，性能向上認定住宅，スマートハウスがある。

> 住宅ローン控除
> （住宅借入金等特別控除）
> 住宅ローン控除は，一定の条件のもとで，住宅ローン残高の0.7%を所得税と住民税から控除するという制度だよ。控除できる期間は，新築住宅で最大13年，既存住宅で最大10年だよ。

## ③ 住宅セーフティネット法

ここだけ

住宅の確保に配慮が必要な人（住宅確保要配慮者）が今後も増加する見込みであるため，住宅セーフティネット制度が2017年10月からスタートした。柱は次の３つ。

❶住宅確保要配慮者の入居を拒まない賃貸住宅（セーフティネット登録住宅）の登録制度

❷登録住宅の改修や入居者への経済的な支援

❸住宅確保要配慮者に対する居住支援

●マッチングの流れ

賃貸住宅の賃貸人：セーフティネット登録住宅として，都道府県・政令市・中核
市に賃貸住宅を登録

↓

都道府県等：登録された住宅の情報を，住宅確保要配慮者に広く提供

↓

住宅確保要配慮者：賃貸人に入居を申し込む

▶住宅確保要配慮者…低額所得者，被災者，高齢者，障害者，高校生までの
子を養育する人，外国人など

ここだけ
④ 空家対策

どうしてこうなった？

すでに2018年には349万戸に
達していて（空家率は13.6％
で過去最高）
意外かもしれないけど，わが
国においては，1世帯の平均
構成人員は減少しているもの
の，世帯数は毎年増加してい
る。でも，世帯数の増加以上
に新築住宅数が増加している
ため，空家が増えるんだね。

背景

使用目的のない空家は，すでに2018年には349万戸に達していて（空家
率は13.6％で過去最高），これが2030年には470万戸になる見込みと
なっている。除却等のさらなる促進に加え，周囲に悪影響を及ぼす前の
有効活用や適切な管理を総合的に強化する必要がある。

改正ポイント

特定空家
特定空家はそのまま放置す
ると倒壊等の危険がある空
家のことだよ。従来は特定
空家のみが固定資産税の
住宅用地特例（1/6等に減
額）の解除対象だったんだ
けど，改正法では管理不
全空家も対象になるんだ。

● 2023年12月，改正空家対策特別措置法が施
行
●「管理不全空家」という概念が新設された。放
置すれば特定空家になるおそれのある空家を
「管理不全空家」とし，これに対して，市区町
村長が改善を指導・勧告できるようになる

- 勧告を受けた管理不全空家は，固定資産税の住宅用地特例（1/6等に減額）が解除
- 特定空家については，**代執行を円滑化**。具体的には，命令等の事前手続を経るいとまがない**緊急時の代執行制度を創設**し，所有者不明時の代執行，緊急代執行の費用は，確定判決なしで徴収できるようになった

## 1問1答

| | 問題 | | 解答 |
|---|---|---|---|
| 1 | 「令和5年地価調査」によると，コロナ禍の影響で，全国平均において，全用途平均・住宅地・商業地のいずれも2年連続で下落した。 | × | いずれも2年連続で上昇した。 |
| 2 | 「令和5年地価調査」によると，地方圏においては，全用途平均・住宅地・商業地すべてにおいて上昇に転じた。 | ○ | そのとおり。全用途平均・住宅地が31年ぶり，商業地は4年ぶりに上昇に転じた。 |
| 3 | 2024年1月以降に建築確認を受ける新築住宅は，省エネ基準に適合していなくても住宅ローン控除（住宅借入金等特別控除）が適用されるようになった。 | × | 省エネ基準に適合していないと住宅ローン控除（住宅借入金等特別控除）が適用されなくなった。 |
| 4 | 2023年12月，改正空家対策特措法が施行され，特定空家には，固定資産税の住宅用地特例（6分の1等に減額）が解除されることとなった。 | × | 特定空家はもともと固定資産税の住宅用地特例（6分の1等に減額）の解除対象であった。改正法では管理不全空家も解除対象とされた。 |

# 36 共生社会と公的扶助

ランク C

## 超約 ここだけ押さえよう！

共生社会からは障害者施策，公的扶助からは生活保護制度が出題されやすい。制度も含めてインプットしよう。

ここだけ

## ① 障害者施策

### （1）障害者権利条約と国内の法整備

障害者権利条約は，障害者の権利を実現するための措置等を規定している。2006年12月国連総会で条約が採択され，2008年に発効したが，日本は障害者差別解消法を整備した後，**2014年に批准**した。なお，2021年に同法は改正され，事業者による障害者への「**合理的配慮**」の提供が**義務化**された（施行は2024年4月）。

> 合理的配慮
> 個々の場面で，障害者から「社会的なバリアを取り除いてほしい」旨の意思の表明があった場合に，その実施に伴う負担が過重でないならば，社会的なバリアを取り除くために必要な策を講ずることをいうよ。段差にスロープを設けたり，筆談対応をしたりなどだね。

### （2）障害者雇用

障害者雇用促進法は，雇用分野における障害者であることを理由とした不当な差別的取扱いを禁止している。事業主は過重な負担にならない範囲で**合理的配慮をすることが義務**となっている。

2022年には同法が改正され，週所定労働時間10時間以上20時間未満で働く重度の障害者や精神障害者を実雇用率に参入できるようになる（施行は2024年4月）。

**法定雇用率**

| | |
|---|---|
| 民間企業 | 2.3%※ |
| 国・地方公共団体 | 2.6%※ |
| 都道府県等の教育委員会 | 2.5%※ |

法定雇用率
企業や国・地方公共団体が達成すべきことを義務づけられている，従業員全体に対する障害者の割合だよ。

※ただし，段階的に引き上げる予定。

### ●2022年の現状

- 民間企業における雇用障害者数は61.4万人→**19年連続で過去最高**
- 民間企業の実雇用率は**2.25%**
- 障害種別に見ると，身体障害者は前年比0.4%減，知的障害者は同4.1%増，精神障害者は同11.9%増と，**特に精神障害者の伸び率が大きい**

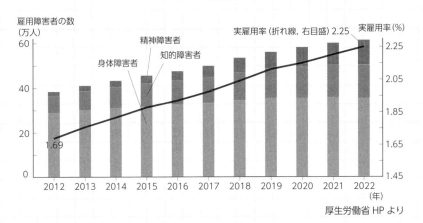

厚生労働省HPより

## （3）障害者情報アクセシビリティ・コミュニケーション施策推進法

2022年5月に公布・施行された法律で，正式名称は「障害者による情報の取得及び利用並びに意思疎通に係る施策の推進に関する法律」という。障害者の情報へのアクセスを容易にするための総合的な施策を推進するために制定された。

### ●基本理念

- 障害の種類や程度に応じた手段を選択できるようにする

- 日常生活や社会生活を営んでいる地域にかかわらず等しく情報取得等ができるようにする。
- 障害者でない者と同一内容の情報を同一時点において取得できるようにする
- 高度情報通信ネットワークの利用・情報通信技術の活用を通じて行う（デジタル社会）

### （4）改正障害者総合支援法

2022年10月，障害者等の地域生活への配慮から，障害者等の希望する生活を実現するために，改正障害者総合支援法が成立した。

❶共同生活援助（グループホーム）の支援内容として，一人暮らし等を希望する者に対する支援や退居後の相談等が含まれることを，障害者総合支援法で明確化する

❷地域の相談支援の中核的役割を担う基幹相談支援センターと，緊急時の対応や施設等からの地域移行の推進を担う地域生活支援拠点等の整備を，市町村の努力義務とする

❸地域の協議会で障害者の個々の事例について情報共有することを障害者総合支援法上明記するとともに，協議会の参加者に対する守秘義務や関係機関による協議会への情報提供に関する努力義務を設ける

## ② 生活保護制度
ここだけ

### （1）制度概要

生活保護は，生活困窮者に最低限度の生活を保障するための制度。保護は世帯単位で行うため，世帯員全員が，その利用しうる資産，能力その他あらゆるものを，その最低限度の生活の維持のために活用してもなお，世帯の収入と厚生労働大臣の定める基準で計算される最低生活費を比較して，収入が最低生活費に満たない場

保護が適用
最低生活費から収入を差し引いた差額が保護費として支給される（差額支給）。保護費は非課税扱いだよ。

合に，初めて<u>保護が適用</u>される。なお，扶養義務者がいる場合には，その者
の<u>扶養のほうが生活保護法による保護に優先</u>する。

**●扶助の種類（8種類）**

**❶**生活 **❷**生業 **❸**教育 **❹**住宅

**❺**医療 **❻**介護 **❼**出産 **❽**葬祭

生活保護を申請
原則，本人や家族などの申請
が必要（申請保護）だよ。ただ
し，窮迫した状況にある場合
には，福祉事務所の職権によ
り生活保護を開始することも
できるよ（職権保護）。

福祉事務所に<u>生活保護を申請</u>すると，保護決
定のために資力調査が行われる（<u>ミーンズテス
ト</u>）。そして，生活保護の要件を満たす限り，誰
でも無差別平等に保護を受けられる。

**（2）生活保護の現状**

被保護者数は1995年を底に増加し，<u>2015年3月に過去最高の約217.4
万人を記録</u>した。しかし，それ以降は減少に転じて，2023年10月には約
202.2万人となっている。

<sup>ここだけ</sup>
## ③ ベーシックインカム

もともとの起源は16世紀にさかのぼるが，
コロナ禍で生活を支える手段として議論が活発
化した。実験的に導入済みの国としてはフィン
ランドが有名。他の国でもこのような例は見ら
れるが，日本では導入されていない。

すべての個人が，自己の権利
として，無条件で一定の額の
金銭を定期的に受け取ること
ができる制度
資力調査を行う「選別主義」の
生活保護とは異なり，「普遍主
義」を特徴とするよ。

▶ベーシックインカム…**すべての個人が，自己
の権利として，無条件で一定の額の金銭を定
期的に受け取ることができる制度**

### ④ 国民負担率

ここだけ

2023年2月，財務省が2023年度の租税負担率と社会保障負担率の見通しを示した。日本は**租税負担率のほうが高い**という点がポイント。

▶国民負担率…「租税負担率」と「社会保障負担率」を合計した割合

|  | 2021年度<br>（実績） | 2022年度<br>（実績見込み） | 2023年度<br>（見通し） |
|---|---|---|---|
| 租税負担 | 28.9% | 28.6% | <u>28.1%</u> |
| 社会保障負担 | 19.3% | 18.8% | <u>18.7%</u> |
| 合計 | 48.1% | 47.5% | <u>46.8%</u> |

※2023年度の国民負担に財政赤字を加えた潜在的な国民負担率は，53.9％となる見通し。

国際比較をすると，**日本はイギリスと同水準で**，アメリカよりも高く，フランスよりも低くなっている。

【国民負担率＝租税負担率＋社会保障負担率】【潜在的国民負担率＝国民負担率＋財政赤字対国民所得比】

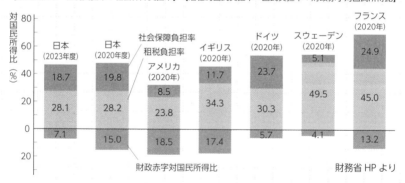

財務省 HP より

184

# 1問1答

| | 問題 | | 解答 |
|---|---|---|---|
| 1 | 2021年に障害者差別解消法が改正され，行政機関等による障害者への「合理的配慮」の提供が義務化された。 | × | 事業者の「合理的配慮」の提供が義務化された。 |
| 2 | 2022年には，障害者雇用促進法が改正され，週所定労働時間10時間以上20時間未満で働く重度の障害者や精神障害者を実雇用率に参入できることとなった。 | ○ | そのとおり。2024年4月から適用される。 |
| 3 | 2022年の民間企業における雇用障害者数は61.4万人と19年連続で過去最高を更新した。これに伴い，実雇用率は法定雇用率の2.3%を超えた。 | × | 実雇用率は，2.25%。 |
| 4 | 2022年5月に公布・施行された「障害者による情報の取得及び利用並びに意思疎通に係る施策の推進に関する法律」では，「高度情報通信ネットワークの利用・情報通信技術の活用を通じて行う（デジタル社会）」は基本理念に盛り込まれなかった。 | × | 4つの基本理念に盛り込まれている。 |
| 5 | 生活保護は，生活困窮者に最低限度の生活を保障するための制度であり，保護は個人単位で行われる。 | × | 世帯単位で行われる。 |
| 6 | 生活保護の扶助には8種類あり，すべて金銭給付となっている。 | × | 「医療」と「介護」は現物給付である。 |
| 7 | 国民負担率は，「租税負担率」と「社会保障負担率」を合計した割合である。わが国では，租税負担率よりも社会保障負担率のほうが高い。 | × | 租税負担率のほうが高い。 |

# 37 消費者問題・犯罪動向

ランク C

---

## 超約 ここだけ押さえよう！

　消費者問題は、「消費者白書」のデータが出題されることがある。犯罪動向にも軽く目を通しておきたい。

## ① 消費生活相談

### （1）消費生活相談の概況

　2022年の消費生活相談件数は**87.0万件**で、**前年より増加**した。その一方で、架空請求に関する相談件数が約1.6万件と、直近20年で最少となっている点がポイント。

### （2）18歳・19歳の消費生活相談

　2022年は、成年年齢引下げ前後に18歳・19歳の相談件数の大幅な変化は見られなかった。

### （3）高齢者の消費生活相談

　65歳以上の高齢者の消費生活相談は、1年間で25万件程度となっており、相談全体の約3割を占めている。販売購入形態別で見ると、「訪問購入」や「訪問販売」で高齢者の占める割合が高い傾向にある。

### （4）定期購入やSNS関連の消費生活相談

　2022年は、通信販売の「定期購入」に関する相談件数は過去最多となっている。同じく高齢者の割合も過去最高。また、SNS関連の相談件数も過去最多となっている。幅広い年齢層でトラブルが発生していることがわかるが、2022年は**50歳代が最多**で、2021年まで最多であった20歳代を初めて上回った。

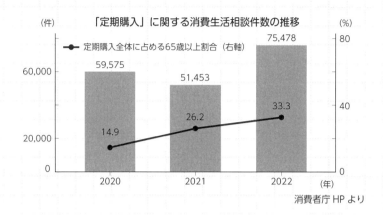

消費者庁 HP より

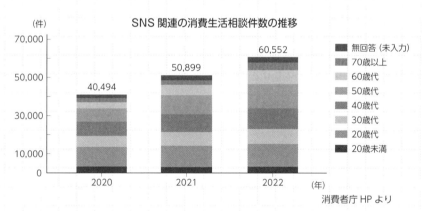

消費者庁 HP より

## ② 消費者被害・トラブル額の推計

2022年の消費者被害・トラブル推計額（既支払額〈信用供与を含む〉）は約6.5兆円で，前年より増加した。

## ここだけ ③ 消費者保護法

| 電子契約法 | 消費者・事業間の電子消費契約において，消費者の錯誤取消しの要件が緩和されている。2020年の民法改正に伴い，契約の成立時期が**到達主義に一本化**された |
|---|---|
| 消費者契約法 | 不当な行為に基づき消費者と事業者とが契約した場合，契約を取り消すことができる。2023年6月施行の改正法により，❶取消事由の追加，❷解約料算定の根拠を説明する努力義務，❸免責の範囲が不明確な条項の無効，などが明記された |
| 特定商取引法 | 訪問販売や通信販売等のトラブルを生じやすい消費者・事業者間の取引類型（7つ）を対象に，事業者が守るべきルールと，**クーリング・オフ**等の消費者を守るルールを定めている。2022年6月から，**クーリング・オフの通知を電子交付できる**ようになった。また，2023年6月からは，**契約書面等を消費者から事前の承諾を得て電子化**することが認められた |
| 景品表示法 | 2023年10月から，**ステルスマーケティング**が景品表示法で禁止されている「不当表示」に指定された。規制の対象となるのは広告主なので，依頼を受けたインフルエンサー等の**第三者は規制の対象とはならない**。違反すると，消費者庁によって，措置命令が行われ，この措置命令に違反した場合には刑事罰が科される。 |

クーリング・オフ
一定期間は契約を解除できる制度だよ。通信販売には使えないので注意！

## ここだけ ④ 刑法犯の認知件数

2002年の285万3,739件をピークに19年連続で減少したが，2022年は**60万1,331件（前年比5.8％増）と20年ぶりに増加**（2023年はさらに増加）。窃盗は2003年以降，減少していたが，2022年は40万7,911件と**前年比6.8％増加**している。窃盗は刑法犯の認知件数の**7割近く**を占めている。

## ⑤ 2022年の留意すべき犯罪類型（検挙件数の推移）

ここだけ

|  | 検挙件数 | 前年比 |
|---|---|---|
| 児童虐待に係る事件 | 2,181件 | 0.3％増 |
| サイバー犯罪 | 12,369件 | 1.3％増 |
| 特殊詐欺 | 6,640件 | 0.6％増 |

## ⑥ 少年による刑法犯・高齢者犯罪

ここだけ

　少年の刑法犯検挙人員は，2004年以降減少していたが，2022年は**2万912人(前年比2.5％増)**と，19年ぶりに増加した。人口比で見ると低下傾向にある。

　一方，高齢者の刑法犯検挙人員は，2016年以降減少している。2022年は前年比5.1％減少した。ただ，高齢者の割合は，**23.1％**となっており，ほぼ一貫して上昇している(2022年は前年比0.5ポイント低下)。

23.1%
うち77.4%が70歳以上
だよ。

## ⑦ 少年法改正

ここだけ

　2021年5月，改正少年法が成立した(2022年4月施行)。民法の成年年齢が2022年4月から18歳へ引き下げられるのに合わせた措置だ。

❶起訴後の実名報道を解禁する

❷18，19歳は**少年法の適用対象**とするが，民法
　上は成人となるので，「**特定少年**」と位置づけ
　て，家庭裁判所から逆送する事件を拡大

特定少年
18，19歳のぐ犯は除くよ。
ぐ犯とは，実際に罪を犯し
ていなくても，犯すおそれ
があると認められる者だよ。

●18歳，19歳＝特定少年の場合

全件送致

検察 → 家庭裁判所 ┌→ 保護処分 ⇒ 少年院・保護観察・児童自立支援施設
                └→ 逆送 ⇒ 検察 ⇒ 裁判所 ⇒ 刑罰(刑務所)

## 1問1答

| 問題 | | 解答 |
|---|---|---|
| 1 | 2022年の消費生活相談は，通信販売の「定期購入」に関する相談件数，SNS関連の相談件数ともに過去最多となった。 | ○ そのとおり。 |
| 2 | 2023年6月の改正消費者契約法の施行により，契約書面等を消費者から事前の承諾を得て電子化することが認められた。 | × 本改正内容は，改正特定商取引法に関するものである。 |
| 3 | 2022年の危険運転致死傷などを除く一般刑法犯の認知件数は，前年比5.8%減の60万1,331件となった。 | × 前年比5.8%増の60万1,331件と，20年ぶりに増加に転じた。なお，2023年は70万件超で2年連続増加している。 |
| 4 | 2022年の検挙件数の推移を見ると，サイバー犯罪や特殊詐欺は前年に比べ増加している。 | ○ そのとおり。 |

# 予想問題1

## 問題

地球温暖化やエネルギー問題に関する次の記述のうち，妥当なのはどれか。

**1** 2023年12月，アラブ首長国連邦（UAE）でCOP28（国連気候変動枠組条約第28回締約国会議）が開かれ，パリ協定に沿って気温上昇を1.5℃に収めるため「化石燃料からの脱却」や「再生可能エネルギーの容量を2030年までに3倍にすること」などが盛り込まれた。

**2** 「令和5年版防災白書」によると，世界の年平均気温は，100年当たりで0.74℃上昇している一方，わが国の年平均気温は，世界の平均気温よりも上昇の幅が小さくなっている。

**3** わが国の2021年度における化石燃料への依存度は高まっており，2021年度は83.2％となっている。内訳では，石炭の依存度が最も高い。

**4** わが国の2021年度における天然ガスの輸入先は，ロシア，マレーシア，カタールの順となっており，中東地域への依存度は低い。

**5** 2022年末に取りまとめられた「GX実現に向けた基本方針」では，エネルギー安定供給の確保を前提としたGX推進のためのエネルギー政策が掲げられ，徹底した省エネの推進や，再エネの主力電源化が盛り込まれたが，原子力の活用については触れられていない。

正答 ❶

## 解説

**1 ○**

妥当である。成果文書では，対象を石油や天然ガスを含む化石燃料全体に広げた。しかし，石炭火力発電については，多くの国が求めていた「廃止」という文言には至らなかった。成果文書では，再生可能エネルギーの容量を2030年までに3倍にするとされる一方，ゼロ排出・低排出技術の一つとして原発の活用も盛り込まれた。

**2 ×**

妥当でない。「令和5年版防災白書」によると，わが国の年平均気温は，世界の平均気温よりもさらに上昇の幅が大きくなっている。具体的には，100年当たりで1.30℃上昇している。

**3 ×**

妥当でない。内訳は，石油（36.0%），石炭（25.8%），天然ガス（21.4%）となっており，石油の依存度が最も高い。ただし，石油の割合は9年連続で減少（1965年度以来最低）している。

**4 ×**

妥当でない。わが国の天然ガスの輸入先は，オーストラリア，マレーシア，カタールの順に多い。ロシアからの輸入が最も多いのではない。

**5 ×**

妥当でない。エネルギー安定供給の確保を前提としたGX推進のためのエネルギー政策の中で，原子力の活用についても触れられている。

# 予想問題2

わが国の災害事情と防災に関する次の記述のうち，妥当なのはどれか。

**1** 2023年は，1923年9月1日に発生した関東大震災から100年の節目に当たる年であった。関東大震災のマグニチュードは9.0であり，火災旋風が猛威を振るい，大規模な延焼火災が拡大した。

**2** 線状降水帯は，春から盛夏への季節の移行期に，日本から中国大陸付近に出現する停滞前線で，一般的には，南北振動を繰り返しながら沖縄地方から東北地方へゆっくり北上する。2023年も7月に九州北部で線状降水帯による洪水等の災害が発生し，同年9月にも，台風13号の影響で，千葉，茨城の両県などで線状降水帯が発生した。

**3** 各市町村長は，災害対策基本法に基づいて，高齢者等避難，避難指示，緊急安全確保の3種類の避難情報を発令する。このうち，避難指示は，「警戒レベル3」の避難情報のことをさす。

**4** 災害対策基本法に基づいて，中央防災会議はわが国の防災に関する総合的かつ長期的な計画として防災基本計画を策定する。2023年5月に防災基本計画を修正し，最近の施策の進展等を踏まえて，多様な主体と連携した被災者支援や国民への情報伝達，デジタル技術の活用などを明記した。

**5** 避難行動要支援者とは，災害時に自ら避難することが困難な高齢者や障害者等のことであるが，2021年の災害基本法の改正により，避難行動要支援者について個別避難計画を作成することが都道府県の努力義務とされた。

解説

**1** ✕ 妥当でない。関東大震災のマグニチュードは7.9であった。モーメントマグニチュード9.0だったのは東日本大震災である。関東大震災では火災旋風が猛威を振るい,死者・行方不明者は約10万5,000人に及び,焼死がほとんどであった。

**2** ✕ 妥当でない。本肢の説明は,梅雨前線に関するものである。線状降水帯は,「次々と発生する発達した雨雲(積乱雲)が列をなした,組織化した積乱雲群によって,数時間にわたってほぼ同じ場所を通過または停滞することで作り出される,線状に伸びる長さ50〜300km程度,幅20〜50km程度の強い降水を伴う雨域」である。

**3** ✕ 妥当でない。「警戒レベル3」は,高齢者等避難である。避難指示は「警戒レベル4」のことである。

**4** ◯ 妥当である。ほかにも,日本海溝・千島海溝周辺海溝型地震に係る基本計画の変更を踏まえた修正,2022年に発生した災害を踏まえた修正などがなされた。

**5** ✕ 妥当でない。「都道府県」ではなく「市町村」の努力義務とされた。なお,個別避難計画の作成はなかなか進んでいないというのが現状である。

# 予想問題3

## 問題

情報通信・科学技術に関する次の記述のうち，妥当なのはどれか。

---

**1** Web3.0とは，ブロックチェーン技術を使用しない集権型ネットワーク環境のことをさす。これにより，プラットフォーマー等の仲介者を介さずに個人と個人がつながることができるようになる。

---

**2** 2023年12月，AI（人工知能）について，G7各国は共通の基本的な方針となる「包括的政策枠組み」に合意した。その中で，開発者に対して，生成AIが作成したものと利用者が見分けられる手段の開発を求めるのみならず，利用者に対しても偽情報の危険やぜい弱性を踏まえて責任ある利用をするよう求めた。

---

**3** スーパーコンピュータは，従来の量子コンピュータでは1億年以上かけても解けないような問題を，短時間で解くことができるとされている。2021年3月から「富岳」の供用が開始され，広く学術・産業分野向けに提供されている。

---

**4** 国際情勢の複雑化，社会経済構造の変化等に伴い，安全保障を確保するために2022年5月，経済安全保障推進法が成立した。同年12月には，政府は「特定重要物資」として，半導体や蓄電池など11分野を指定する閣議決定を行い，海外からの輸入を強化することになった。

---

**5** 文部科学省が2023年8月に公表した「科学技術指標2023」によると，わが国の大学院博士課程の入学者数は2003年度を底に，長期的に増加傾向にあり，それに伴い研究力の強化が図られてきた。わが国の論文数は世界5位であり，注目度の高い論文を見ると「Top10％補正論文数」「Top1％補正論文数」でそれぞれ世界1位，2位となっている。

---

**解説**

**1 ×** 妥当でない。Web3.0は,「ブロックチェーン上で,暗号資産等のトークンを媒体として『価値の共創・保有・交換』を行う経済」と定義されている(経済産業省)。特徴は,サービスを中央集権型から分散型へ変えていくことができる点にある。したがって,ブロックチェーン技術を基盤とした分散型ネットワーク環境ということができる。

**2 ○** 妥当である。「包括的政策枠組み」は,開発者に対して,生成AIが作成したものと利用者が見分けられる手段の開発を求めるのみならず,利用者に対しても責任ある利用を求めている点がポイントである。

**3 ×** 妥当でない。スーパーコンピュータと量子コンピュータの記述が逆である。量子コンピュータは,従来のスーパーコンピュータでは1億年以上かけても解けないような問題を,短時間で解くことができるとされている。2021年3月から供用開始された「富岳」はスーパーコンピュータである。

**4 ×** 妥当でない。「特定重要物資」として,半導体や蓄電池など11分野を指定する閣議決定を行い,国内での生産体制を強化することになった。具体的には,11分野で国内における生産体制を強化するため,企業の取組みに対して国が財政的な支援を行う。なお,経済安全保障推進法は,①重要物資の安定的な供給の確保,②基幹インフラ役務の安定的な提供の確保,③先端的な重要技術の開発支援,④特許出願の非公開の4つが盛り込まれている。

**5 ×** 妥当でない。わが国の大学院博士課程の入学者数は2003年度をピークに,長期的に減少傾向にある。それに伴って問題視されてきたのが研究力についてであり,わが国の論文数は世界5位,注目度の高い論文を見ると「Top10％補正論文数」「Top1％補正論文数」でそれぞれ世界13位,12位となっている。

# 予想問題4

**問題**

わが国の文化・芸術振興に関する次の記述のうち，妥当なのはどれか。

---

**1** 2025年に大阪府大阪市の人工島「夢洲」で開催される「万博」とは，国際博覧会の略称で，国際博覧会条約に基づいて行われる大規模イベントである。わが国においては，これまで1970年に1度だけ，大阪で「人類の進歩と調和」をテーマに開催されたことがある。

---

**2** わが国は世界遺産条約に1992年に加盟し，これまで計25件が登録されている。内訳としては，文化遺産が5件，自然遺産が20件となっており，自然遺産のほうが多い。

---

**3** 2023年3月，東京一極集中の是正や日本全国の文化の力による地方創生などを掲げ，今後文化庁を京都に移転することを決定した。国の省庁が地方に全面的に移転するのは，明治以来で初めてである。

---

**4** 文化勲章とは，文化の発達に関し勲績卓絶な者に対して授与される賞である。文化勲章受章者は，原則として前年度までの文化功労者の中から選ばれる。2023年度は，元日本サッカー協会会長の川淵三郎氏や能楽師の野村万作氏らが選ばれた。

---

**5** 2022年，改正博物館法が成立し，2023年4月から登録制度の対象となる博物館は設置主体によって限定されることになった。

**解説**

| | | |
|---|---|---|
| **1** | **✕** | 妥当でない。1970年に大阪で開催された後も，沖縄国際海洋博覧会，国際科学技術博覧会，国際花と緑の博覧会，2005年日本国際博覧会と，わが国では過去5回開かれてきた。 |
| **2** | **✕** | 妥当でない。これまで計25件が登録されてきた点は正しい。しかし，内訳としては，文化遺産が20件，自然遺産が5件となっている。なお，複合遺産は0件である。 |
| **3** | **✕** | 妥当でない。2023年3月に京都移転を決定したのではなく，実際に移転し，業務を開始している。 |
| **4** | **〇** | 妥当である。なお。文化功労者制度は，文化の向上発達に関し特に功績顕著な者に年金を支給し，これを顕彰するために設けられたものである。 |
| **5** | **✕** | 妥当でない。改正博物館法では，国と独立行政法人を除くあらゆる法人が設置する博物館が登録を受けることができるようになった（登録対象の拡大）。 |

# 予想問題5

## 問題

人口・食料問題に関する次の記述のうち，妥当なのはどれか。

---

**1** 国連人口基金（UNFPA）の「世界人口白書2023」によると，2023年の世界の人口は初めて70億人に到達し，日本の人口は1億2,330万人で世界第10位となった。

---

**2** 中国では2022年末時点の人口が前年から85万人増加しているものの，インドの人口が中国を抜き，世界1位になった。

---

**3** わが国の総人口は，2023年1月現在，1億2,541万6,877人であり，日本人住民，外国人住民ともに前年比で減少した。

---

**4** わが国では，農林水産物・食品の輸出につき，2025年までに2兆円，2030年までに5兆円とすることを目標として掲げているが，2022年の実績は1兆4,148億円となっており，10年ぶりに前年比で減少となった。

---

**5** ロシアのウクライナ侵攻以降，ロシアによりウクライナの穀物輸出ルートが封鎖されたことに伴い，2022年7月，国連とトルコの仲介で，ウクライナ，ロシアを含めた4者の合意のもと「黒海穀物イニシアティブ」が発足した。しかし，2023年7月，ロシアが離脱を表明したため，黒海穀物イニシアティブが終焉を迎えた。

---

正答 **5**

## 解説

**1** ✕ 妥当でない。世界の人口は初めて80億人に到達し，80億4,500万人。また，日本の人口は1億2,330万人で世界第12位となった。

**2** ✕ 妥当でない。中国の2022年末時点の人口は前年から85万人減少した。人口減少は1961年以来61年ぶりとなる。なお，国連人口基金（UNFPA）の「世界人口白書2023」によると，インドの人口が中国の人口を抜き，世界1位になった。

**3** ✕ 妥当でない。日本人住民は1億2,242万3,038人であり前年比減となる一方で，外国人住民は299万3,839人であり前年比増となっている。

**4** ✕ 妥当でない。農林水産省の発表によると，2022年の農林水産物・食品の輸出実績は過去最高の1兆4,148億円（前年比14.3％増，1,766億円増）となり，10年連続の増加となっている。

**5** 〇 妥当である。2022年7月に「黒海穀物イニシアティブ」が発足し，穀物等をいわゆる「グローバル・サウス」と呼ばれる国々や地域に届けてきたが，2023年7月，ロシアが離脱を表明したため，黒海穀物イニシアティブが終焉を迎え，再び穀物等の輸出に停滞がもたらされている。

# 予想問題6

## 問題

近時の立法事情について，妥当なのはどれか。

---

**1** 2022年12月，改正民法が成立し，親権者による懲戒権の規定は残されたが，子の人格を尊重するとともに，子の年齢および発達の程度に配慮しなければならない等の規定が新設された。

---

**2** 2023年4月，改正国家公務員法が施行され，国家公務員の定年について，65歳から段階的に引き上げて70歳とすることとなった一方，「役職定年制」の導入は見送られた。

---

**3** 2023年4月，フリーランス・事業者間取引適正化等法が可決・成立した。本法により，フリーランスである特定受託事業者の給付の内容，報酬の額等を書面または電磁的方法により明示することが義務づけられた。

---

**4** 長期間にわたる運用による原子力発電所の老朽化が問題として指摘されてきたことを受け，2023年5月，GX（グリーントランスフォーメーション）脱炭素電源法が成立し，原子力発電所の運転期間は最長60年に厳格に制限されることとなった。

---

**5** 2023年6月，性的少数者への理解促進をめざすLGBT理解増進法が成立し，「性的指向」や「ジェンダーアイデンティティ」の定義が明記された。また，性的指向やジェンダーアイデンティティを理由とする不当な差別は禁止され，これに違反した者は罰せられる。

---

## 解説

**1** ✕ 妥当でない。懲戒権はしつけとして児童虐待を正当化する口実に利用されているとの指摘があったため，懲戒権の規定は削除された。併せて，子の人格を尊重するとともに，子の年齢および発達の程度に配慮しなければない等の規定が新設された。なお，同法は2022年12月に公布・施行された。

**2** ✕ 妥当でない。国家公務員の定年については，60歳から段階的に引き上げて65歳とすることとなった。また，管理監督職に上限年齢を設ける「役職定年制」も導入された。ただし，役職定年による異動により公務の運営に著しい支障が生じる場合に限り，引き続き管理監督職として勤務させることができる。

**3** ◯ 妥当である。フリーランスである特定受託事業者の給付の内容，報酬の額等は，書面または電磁的方法により明示することが義務づけられた。

**4** ✕ 妥当でない。GX脱炭素電源法では，原子力発電所を最長60年という制限を事実上超えて運転できるようになった。停止した期間を運転期間から除外することができるとされたためである。たとえば停止期間が10年間であれば，運転開始から70年まで稼働させることができるようになる。

**5** ✕ 妥当でない。「性的指向」や「ジェンダーアイデンティティ」の定義が明記された点は正しいが，本法は基本理念を定める理念法であるため，罰則規定は盛り込まれていない。

# 予想問題7

### 問題

2022年7月に実施された第26回参議院議員通常選挙における一票の格差をめぐる訴訟について，最高裁判所の多数意見（最大判令5・10・18）に関する次の記述のうち，妥当なのはどれか。

---

**1** 最高裁判所は，憲法は，投票価値の平等を要求していると解され，投票価値の平等は，選挙制度の仕組みを決定する唯一，絶対の基準となるとした。

---

**2** 最高裁判所は，二院制に係る憲法の趣旨や，半数改選などの参議院の議員定数配分に当たり考慮を要する固有の要素を勘案すると，参議院議員選挙については，投票価値の平等の要請が後退してもよいと解すべきであるとした。

---

**3** 最高裁判所は，参議院議員の選挙制度の改革につき，各会派の間で一定の議論がされ，格差のさらなる是正のための法改正の見通しが立ち，その実現に向けた具体的な検討が進展していることに対して一定の評価をした。

---

**4** 最高裁判所は，立法府が格差是正に向けた取組みを進めていくには，さらに議論を積み重ねる中で種々の方策の実効性や課題等を慎重に見極めつつ，広く国民の理解も得ていく必要があると考えられ，合理的な成案に達するにはなお一定の時間を要することが見込まれる，とした。

---

**5** 最高裁判所は，本件選挙当時，平成30年改正後の本件定数配分規定の下での選挙区間における投票価値の不均衡は，違憲の問題が生ずる程度の著しい不平等状態にあったものといえ，本件定数配分規定は憲法に違反するとした。

---

## 解説

**1** ✕　妥当でない。最高裁判所は，憲法は投票価値の平等を要求していると解される一方，投票価値の平等は，選挙制度の仕組みを決定する唯一，絶対の基準となるものではなく，国会が正当に考慮することができる他の政策的目的ないし理由との関連において調和的に実現されるべきものである，としている。

**2** ✕　妥当でない。最高裁判所は，二院制に係る憲法の趣旨や，半数改選などの参議院の議員定数配分に当たり考慮を要する固有の要素を勘案しても，参議院議員選挙について直ちに投票価値の平等の要請が後退してもよいと解すべき理由は見いだし難い，とした。

**3** ✕　妥当でない。最高裁判所は，参議院議員の選挙制度の改革につき，各会派の間で一定の議論がされたものの，格差のさらなる是正のための法改正の見通しが立つに至っていないのはもとより，その実現に向けた具体的な検討が進展しているともいい難い，としている。

**4** ◯　妥当である。最高裁判所は，本肢のように立法府が格差是正に向けた取組みを進めていくには一定の時間がかかる点を強調した。すなわち，合理的な成案に達するにはなお一定の時間を要することが見込まれる，とした。

**5** ✕　妥当でない。最高裁判所は，最大格差が3.03倍であった点について，違憲の問題が生ずる程度の著しい不平等状態にあったものといえない，とした。

# 予想問題8

### 問題

近時の国際情勢に関する次の記述のうち，妥当なのはどれか。

**1** 2023年7月，TPP（環太平洋パートナーシップ協定）加盟11か国は
ニュージーランドのオークランドで開いた閣僚会合で，フランスの加入
を正式に承認した。これにより，フランスは協定発効以降，初の新規参
加国となる。

**2** 2023年8月，BRICS（ブラジル，ロシア，インド，中国，南アフリカ）の
首脳会議が，南アフリカの最大都市ヨハネスブルグで開かれ，2024年
からイラン，サウジアラビア，UAE（アラブ首長国連邦）の3か国を新た
な加盟国として認めることが決まった。

**3** 2023年10月，パレスチナのガザ地区を実効支配するイスラム組織ハマ
スが，イスラエルを攻撃し，これに対してイスラエルも激しい空爆で応
酬した。しかし，同年12月にハマスは，停戦協定を提示し，それをイス
ラエル側が受け入れたため，戦闘は完全に収束した。

**4** 2023年11月，アメリカのサンフランシスコでAPEC（アジア太平洋経済
協力）首脳会議が開かれ，首脳宣言でハマスとイスラエルの対立の問題
やロシアのウクライナ侵攻について言及した。

**5** 2023年12月，G7（主要7か国首脳会議）で唯一中国の巨大経済圏構想
「一帯一路」に参加していたイタリアが，中国の専制主義への警戒や経済
的な効果が乏しいことなどを理由に，正式な離脱を中国側に通知した。

## 解説

**1** ✕ 妥当でない。TPP加盟11か国はニュージーランドのオークランドで開いた閣僚会合で,「イギリス」の加入を正式に承認した。イギリスは協定発効以降,初の新規参加国となる。

---

**2** ✕ 妥当でない。2024年からアルゼンチン,エジプト,エチオピア,イラン,サウジアラビア,UAE(アラブ首長国連邦)の合わせて6か国を新たな加盟国として認めることが決まった。ただし,その後2023年12月にアルゼンチンが不参加を表明した。

---

**3** ✕ 妥当でない。イスラエルとハマスは2023年11月に4日間の戦闘休止,およびその2日延長,さらに1日間延長することに合意した。しかし,同年12月1日朝に期限切れを迎えたのを機に再び戦闘が始まっている。

---

**4** ✕ 妥当でない。首脳宣言では世界貿易機関(WTO)改革推進への支持を表明し,自由で開かれた貿易・投資環境を提供する決意を確認した。しかし,ハマスとイスラエルの対立の問題やロシアのウクライナ侵攻については言及せず,議長声明で触れるにとどまった。

---

**5** ○ 妥当である。イタリアは,2023年9月に中国の巨大経済圏構想「一帯一路」から離脱する方針を表明していたが,2023年12月に正式に離脱を中国側に通知した。

**問題**

わが国の税制に関する次の記述のうち，妥当なのはどれか。

---

**1** 電子帳簿保存法は，国税に関する帳簿や書類などの電子保存を認める法律であるが，デジタル化の進展により，2022年に改正電子帳簿保存法が施行された。2024年1月から電子取引に関するデータをプリントアウトして保存しておくことが義務づけられた。

---

**2** ふるさと納税とは，自分の住んでいる自治体以外の自治体に寄付ができる制度であり，受入額および受入件数は増加傾向にある。2023年10月から，寄付を募る際にかかる経費を寄付額の5割以下とするルールが厳格化された。

---

**3** インボイス（適格請求書）とは，売手が買手に対し正確な適用税率や消費税額等を伝えるための手段のことで，消費税額等が記載された請求書や領収書その他これらに類するものをいう。2023年10月以降，インボイスを発行している事業所と取引きをした場合でなければ，仕入れ税額控除が認められる余地はない。

---

**4** 免税事業者が課税事業者になると，消費税の全額納付を求められることになるが，2026年9月までは売上税額の8割だけを納めれば足りる。これを「8割特例」という。

---

**5** 2023年12月，「令和6年度税制改正大綱」が閣議決定され，2024年6月から年収の多寡にかかわらず，所得税と住民税の定額減税を実施することになった。

---

## 解説

**1** ✕　妥当でない。電子取引に関するデータ保存が義務化された。従来のようにプリントアウトして保存しておくことは認められない。

**2** ○　妥当である。経費の基準としては，ワンストップ特例制度の関連資料や受領証の発送費用などの事務費用，仲介サイトへの手数料も含まれることになる。

**3** ✕　妥当でない。仕入れ税額控除には特例がある。たとえば，課税事業者がインボイスを発行できない免税事業者と取引きをしても，2026年9月まで（3年間）は，8割分の仕入れ税額控除が認められる。また，その後の3年間（2029年9月まで）も，5割分の仕入れ税額控除が認められる。さらに，1万円未満の取引については6年間，事務負担軽減のためインボイスなしでも仕入れ税額控除ができる。

**4** ✕　妥当でない。2026年9月までは売上税額の2割だけを納めれば足りる。これを「2割特例」という。

**5** ✕　妥当でない。1人当たり4万円（所得税3万円，住民税1万円）の定額減税は，年収2,000万円超の者は対象外とされ，所得制限が設けられている。

# 予想問題10

**問題**

わが国の金融政策に関する次の記述のうち，妥当なのはどれか。

**1** 2016年1月，日本銀行はマイナス金利付き量的・質的金融緩和を決定し，民間金融機関が保有する日銀当座預金のすべてにマイナス金利（－0.1％）を導入した。

**2** 2016年9月，日本銀行は長短金利操作付き量的・質的金融緩和を実施することを決定し，消費者物価上昇率の実績値が安定的に2％を超えるまで，マネタリーベースの拡大方針を継続するイールドカーブ・コントロールを行うこととなった。

**3** 2018年7月，日本銀行は前もって将来の金融政策の方針を示す政策金利のフォワードガイダンスを解除することを決定するとともに，強力な金融緩和を粘り強く続けていくこととした。

**4** 2020年3月，日本銀行は新型コロナウイルス感染症拡大への対応策を策定し，長期国債の買入れ額の上限を撤廃することとしたが，ETF（上場投資信託）やJ-REIT（不動産投資信託）の買入れ上限は据え置いた。

**5** 2023年12月，日本銀行は短期金利に導入されていたマイナス金利政策を据え置くことを決定した。

## 解説

**1 ×** 妥当でない。マイナス金利を導入した点は正しいが，民間金融機関が保有する日銀当座預金の一部についてのみである。

**2 ×** 妥当でない。オーバーシュート型コミットメントの誤り。イールドカーブ・コントロールとは，金融市場調節によって長短金利の操作を行う政策である。なお，長期金利も操作対象にしている点で異例の政策である。

**3 ×** 妥当でない。日本銀行は前もって将来の金融政策の方針を示す政策金利のフォワードガイダンスを導入することにした。

**4 ×** 妥当でない。ETFやJ-REITの買入れ上限も倍増することにした。

**5 ○** 妥当である。2023年12月の金融政策決定会合では，短期金利について，日本銀行当座預金のうち政策金利残高に0.1％のマイナス金利を適用するとした。つまり，マイナス金利は解除されなかった。

# 予想問題11

**問題**

近年のわが国における経済の動向に関する次の記述のうち，妥当なのはどれか。

---

**1** 2022年度のわが国のGDP成長率は，名目値で前年度比2.3%増となったが，実質値では前年度比1.5%減となった。

---

**2** 物価の動向では，消費者物価指数（コア指数〈生鮮食品を除く総合指数〉）が2022年以降で安定的に前年比2%超の上昇の動きが見え始めた。

---

**3** 2023年10月改定の地域別最低賃金は全国平均で時給1,004円となり，初めてすべての都道府県で1,000円を超えた。引上げ額は過去最高となっている。

---

**4** 2023年11月に政府が閣議決定したデフレ完全脱却のための総合経済対策には，燃料油の激変緩和措置を2024年4月末まで講ずることが盛り込まれたが，電気・ガスの激変緩和措置については2023年12月末で終了することとされた。

---

**5** 2022年度の企業収益が高水準であったこともあり，2023年6月の企業の倒産件数は500件と，2020年春の新型コロナウイルス感染症拡大直後の720件程度から減少してきている。

---

**解説**

---

**1** ✕ 妥当でない。実質値でも前年度比1.5%増となった。

---

**2** ◯ 妥当である。2022年度は前年度比で3.0%の上昇となった。なお，直近2023年12月分のコア指数（生鮮食品を除く総合指数）は，前年同月比で2.3%の上昇となっている。

---

**3** ✕ 妥当でない。地域別最低賃金が全国平均で時給1,004円となり，初めて1,000円を超えた。全国ですべての都道府県で1,000円を超えたのではない。引上げ額は43円であり，過去最高となった点は正しい。

---

**4** ✕ 妥当でない。電気・ガスの激変緩和措置についても2024年4月末まで講じ，同年5月は激変緩和の幅を縮小するとされている。

---

**5** ✕ 妥当でない。2023年6月の企業の倒産件数は720件と，2020年春の新型コロナウイルス感染症拡大直後の500件程度から増加してきている（2023年の倒産件数は8,690件）。

---

# 予想問題12

## 問題

わが国における外国人に関する次の記述のうち，妥当なのはどれか。

**1** 2022年末の在留外国人数は307万5,213人となり，過去最高を記録したが，外国人労働者数はコロナ禍の影響から減少傾向にある。在留外国人数を国籍・地域別に見ると，ベトナムが最も多く，中国，韓国，フィリピン，ブラジルと続く。

**2** 2023年6月，政府は閣議決定により，特定技能の在留資格に係る制度の運用に関する方針（分野別運用方針）を変更し，特定技能2号の対象分野が追加された。これにより，介護分野を含むすべての特定産業分野において，特定技能2号の受入れが可能となった。

**3** 2023年6月，外国人の収容のあり方を見直す出入国管理及び難民認定法の改正案が可決・成立し，3回目以降の難民申請者に対しては「相当な理由のある資料」の提出がなければ，本国へ送還されることになった。

**4** 2023年6月の出入国管理及び難民認定法の改正により，監理人の下で生活しながら収容せずに退去強制手続を進められる「監理措置」制度の導入が模索されたが，人権への配慮から見送られることになった。

**5** 技能実習制度は外国人が最長で5年間，働きながら技能を学ぶことができるという制度である。実習生が劣悪な労働環境に置かれ，人権侵害が起きている点が問題視されてきたが，政府の有識者会議は2023年11月，技能実習制度を存続させる旨の最終報告書をまとめた。

## 解説

**1 ×** 妥当でない。2022年末の在留外国人数が307万5,213人で過去最高である点は正しいが，同じく外国人労働者数も182万2,725人とともに過去最高を記録している。また，在留外国人数を国籍・地域別で見ると，中国が最も多く，ベトナム，韓国，フィリピン，ブラジルと続いている。

**2 ×** 妥当でない。今回の変更では，ビルクリーニング，素形材・産業機械・電気電子情報関連製造業，自動車整備，航空，宿泊，農業，漁業，飲食料品製造業，外食業の９分野と，造船・舶用工業分野のうち溶接区分以外の業務区分すべてを新しく特定技能２号の対象とすることになった。したがって，介護分野は含まれない。

**3 ○** 妥当である。従来，難民認定の申請期間中は送還が認められていなかったが，今回の改正で，3回目以降の申請者に対しては「相当な理由のある資料」の提出がなければ，本国へ送還されることになった。

**4 ×** 妥当でない。親族や知人，支援者など，本人の監督等を承諾している者を「監理人」として選任し，その下で生活しながら収容せずに退去強制手続を進められる「監理措置」制度が創設された。

**5 ×** 妥当でない。実習生が劣悪な労働環境に置かれ，人権侵害が起きている点が問題視されてきたことを踏まえ，2023年11月に政府の有識者会議は，今の技能実習制度を廃止することを最終報告書にまとめた。

**問題**

わが国の少子高齢化をめぐる課題に関する次の記述のうち，妥当なのはどれか。

**1** 2022年の合計特殊出生率は1.26となり，過去最低を記録した。増加に転じた2005年の1.44をピークに低下傾向をたどり，2015年にも一度1.26を記録したことがある。

**2** わが国における2023年4月時点の保育所の待機児童数は2万6,081人で，調査開始以来，5年連続の最多を更新している。

**3** 2023年4月から内閣府の外局として，こども家庭庁が発足し，保育園や認定こども園だけでなく，幼稚園も含めてこども家庭庁が一元的に所管することになった。

**4** 2022年の高齢者の就業者数は，912万人で過去最多となり，2004年以降，19年連続で増加している。また，就業者総数に占める高齢就業者の割合も，13.6％と過去最高を記録した。

**5** 2023年10月に厚生労働省によって発表された，2021年度の国民医療費は，前年比4.8％減の45兆359億円であった。

**解説**

**1** ✕ 妥当でない。前半は正しい。しかし，2005年の1.26を底に上昇傾向で推移し，2015年には一時1.44まで上昇した。しかし，その後低下傾向に転じ，2019年（1.36），2020年（1.33），2021年（1.30）と低下してきていた。

**2** ✕ 妥当でない。2023年4月時点の保育所の待機児童数は，2,680人で前年比264人の減少となった。ピークであった2017年の2万6,081人から6年間で2万3,401人減少し，約10分の1になった。なお，約86.7％の市区町村（1,510自治体）で待機児童ゼロを達成し，待機児童数が50人以上の自治体は6自治体まで減少している。

**3** ✕ 妥当でない。厚生労働省所管の保育所と内閣府所管の認定こども園はこども家庭庁の所管に移されたが，幼稚園の所管は従来どおり文部科学省に残された。

**4** ◯ 妥当である。なお，2022年の65歳以上人口に占める就業者の割合（高齢者の就業率）は25.2％である。年齢階級別に見ると，65〜69歳は50.8％，70〜74歳は33.5％，75歳以上は11.0％といずれも過去最高となっている。

**5** ✕ 妥当でない。前年比4.8％「増」の45兆359億円であった。これは過去最高である。

# 予想問題14

**問題**

わが国の交通・観光に関する次の記述のうち，妥当なのはどれか。

**1** 2024年4月から，働き方改革関連法が施行され，バスやトラックなどの自動車運転業務の年間時間外労働時間の上限が720時間に制限される。これにより運送や物流が滞るいわゆる「2024年問題」への懸念が高まっている。

**2** 改正道路交通法の施行により，2023年4月からレベル3相当の自動運転が解禁され，都道府県公安委員会の許可を受けずに，自動運行装置を使用条件に従って使用し，操作者がいない状態で自動車を運行することができるようになった。

**3** 2023年4月，赤字に苦しむ地方鉄道などの地域公共交通のあり方を見直すため，改正地域交通法が成立し，地方公共団体または鉄道事業者は，国土交通大臣に対し，ローカル鉄道のあり方を協議する「再構築協議会」の組織を要請することができるようになった。

**4** 2023年3月，政府は新たな「観光立国推進基本計画」を閣議決定し，インバウンド回復戦略として，訪日外国人旅行消費額を早期に10兆円にすることや訪日外国人旅行者数を2030年までに4,000万人とすることなどを掲げた。

**5** 2023年4月，政府は，カジノを含む統合型リゾート(IR)について，全国で初めて長崎県のIR整備計画を認定した。一方，同時に申請していた大阪府・市の計画については，不認可とされた。

**解説**

**1 ×** 妥当でない。上限は960時間に制限される。運送や物流が停滞する問題を「2024年問題」といい，その解決策が模索されている。なお，2023年12月，政府は2024年4月からタクシー会社の運行管理のもと，タクシーが不足する地域や時間帯に限定して，個人が有料で乗客を運ぶことを認める方針を固めた。

**2 ×** 妥当でない。レベル4相当の自動運転が解禁されている。レベル4の自動運転は「特定自動運行」と定義されており，自動運行装置を使用条件に従って使用し，操作者がいない状態で自動車を運行する。この特定自動運行を行おうとする者は，都道府県公安委員会の許可を受けなければならない。

**3 ○** 妥当である。「再構築協議会」は国土交通大臣が設置し，協議会の開催，調査・実証事業等に対して支援する。

**4 ×** 妥当でない。インバウンド回復戦略として，訪日外国人旅行消費額を早期に5兆円にすること（2023年に達成された）や訪日外国人旅行者数を2025年までに2019年水準（3,188万人）超えとすることなどを掲げた。

**5 ×** 妥当でない。逆である。大阪府・市のIR整備計画を認定した。一方，同時に申請していた長崎県の計画については，不認可とされた。

# 予想問題15

> **問題**

わが国の医療，年金，介護に関する次の記述のうち，妥当なのはどれか。

**1** わが国においては，75歳以上になるとすべての者が後期高齢者医療保険に加入することになる。近時，同保険の負担割合に関する改革が進められ，2022年10月から一定の所得のある後期高齢者の負担割合は一律3割となっている。

**2** 政府は，マイナンバーカードと健康保険証を一体化し，紙の健康保険証を2024年12月2日に廃止することを正式に決め，廃止後の猶予期間も一切設けないこととした。

**3** マクロ経済スライドは，現役世代の人口減少や平均余命の延伸などに合わせて，年金の給付水準を自動的に抑制する仕組みであるが，わが国では物価や賃金の伸びがマイナスの状態が続いてきたため，これまで発動されたことはない。

**4** 2022年5月から個人型確定拠出年金（iDeCo）の加入年齢が60歳未満から65歳未満に引き上げられ，いつでも自由に資産を引き出すことができるようになった。

**5** 2023年5月，改正介護保険法が成立し，被保険者，介護事業者その他の関係者が当該被保険者に係る介護情報等を共有・活用することを促進する事業を地域支援事業として位置づけることとなった。

## 解説

**1** ✕ 妥当でない。2022年10月1日から，医療機関等の窓口で支払う医療費の自己負担割合に新たに「2割」が追加され，「1割」「2割」「3割」の3区分となった。これにより，一定以上所得のある者は，現役並み所得者（3割負担）を除き，自己負担割合が「2割」になった。

**2** ✕ 妥当でない。前半は正しいが，最長1年間の猶予期間を設け，紙の保険証が利用できることとし，「マイナ保険証」を持っていない人には代わりに「資格確認書」を発行する。

**3** ✕ 妥当でない。マクロ経済スライドは，2004年に制度が導入されて以降，政府はこれまで数度発動してきた。なお，2024年度は2年連続の発動となり，年金給付額は，賃金・物価の上昇により，前年度から増えたものの，マクロ経済スライドによって伸びが抑制された。

**4** ✕ 妥当でない。iDeCoは60歳になるまで原則として資産を引き出すことはできない。また，iDeCoの老齢給付金を受給した場合は掛金を拠出することはできなくなる。

**5** ○ 妥当である。なお，市町村は，当該事業（地域支援事業）について，医療保険者等と共同して国保連・支払基金に委託できる。

# 索引

## ●本書の内容に関するお問合せについて

本書の内容に誤りと思われるところがありましたら，まずは小社ブックスサイト（books.jitsumu.co.jp）中の本書ページ内にある正誤表・訂正表をご確認ください。正誤表・訂正表がない場合や，正誤表・訂正表に該当箇所が掲載されていない場合は，書名，発行年月日，お客様のお名前・連絡先，該当箇所のページ番号と具体的な誤りの内容・理由等をご記入のうえ，郵便，FAX，メールにてお問合せください。

〒163-8671　東京都新宿区新宿1-1-12　実務教育出版　第二編集部問合せ窓口
FAX：03-5369-2237　　　　E-mail：jitsumu_2hen@jitsumu.co.jp

### 【ご注意】
※電話でのお問合せは，一切受け付けておりません。
※内容の正誤以外のお問合せ（詳しい解説・受験指導のご要望等）には対応できません。

本文デザイン＆イラスト：熊アート
カバーデザイン：マツヤマ チヒロ

地方公務員
## 寺本康之の超約ゼミ　ここだけ！時事＆知識分野［2025年度版］

2024年3月25日　初版第1刷発行　　　　　　　　　　〈検印省略〉

著　者　寺本康之
発行者　淺井　亨

発行所　株式会社　実務教育出版
　　　　〒163-8671　東京都新宿区新宿1-1-12
　　　　☎編集　03-3355-1812　　販売　03-3355-1951
　　　　振替　00160-0-78270
組　版　編集室クルー
印　刷　文化カラー印刷
製　本　東京美術紙工